前世想起

自分探しの旅Ⅲ

浅野 信
Asano Makoto

たま出版

前世想起
～自分探しの旅Ⅲ～

目　次

序章

人は本当に生まれ変わっているのでしょうか。輪廻転生《りんねてんしょう》が事実でも、自分で自分の前世や来世を知ることができるのでしょうか。

本書は、自分探しの旅の一環として、自分で自分の前世を見出していく手引きとして著わしたものです。

人生を生きる上で、最大の確かな資産はほかならぬ自分自身です。まずは自分を見て、自分を知る。そして自分を磨き、整えていく。そこから自分という資産を運用し、自分を活かすことで他のために役立てること。それは、自分が為すべき事を為すということ。自分にできる事を自分らしく行うことです。

前世を知ることで、現世の自分についての洞察がより深まり、わだかまりや不安が解消します。自分はなぜこのような特徴を持ち、今この人生を生きているのか。その理由がわかり、根拠が明らかになります。人は自分の過去から最も多くを学べます。その過去には前世も多く含まれます。それによって自己が改善され、成長でき、本来のなるべき自分になれるのです。

前世探検は宝探しの旅でもあります。通常の探求や努力や方法では成し得ない可能性を開くことができます。今、その人が為しつつある事は、前世でどんな人物だったかを表し、証明しているのです。それは前世が観念的なものではなく、今現に働いている生きた現実だからです。

自分はどこから生まれ、どこに還っていくのか。宇宙創造神と自分との関係はどんなものなのか。このような大局的なONEの観点から、各々の前世も、現世も来世も適正に位置づけ、探っていくことです。自分の正体である前世を等身大に知り、適度の自信と十分な謙虚さをもって、自分と適切に付き合って生きていきましょう。

現世は前世の反映、結果です。それゆえ、現世の半生涯（これまでの生きた歩み）を綴《つづ》り、見ていくこと。そこから前世を類推し、瞑想に入っていくと、前世がおぼろげながらイメージされてきます。転生に共通する、自分の一貫したテーマ、特質、ポジション、役目、仕事、留意点、また縁のある人などにも気づき始めます。それらを、愛と命の本源（根本神）に還っていくプロセスの中で捉えていくのです。

前世を知ることで、現世の目的がわかり、確信と感謝と喜びをもって、適切に生きられるようになります。自分の心と行動のパターンがわかり、今抱えている問題の奥深い原因が認識されてきます。それによって、現状をしっかり受け止め、積極果敢《かかん》に対応していけるようになります。自分はどこから生まれ、どこに向かっているのか。このような大きな宇宙的視野に立って自分や人を見られるようになり、さらに、現世の目的、意義にも気づきます。

前世の真実を知るだけでも、多くのことが解放され、癒されます。それを踏まえて現実を生きていけるようになるでしょう。

前世を知ると、自分のいろんな面が見えてきます。たとえば、どんな事に特に気をつけ、留意するとよいのか、なぜ今こうなっているのか、どんな事をしていくとよいのか、それらが明らかになってきます。

本当の前世が開示されると、当時のカルマが動き出し、心の中の主観的思いだけではなく、前世の時と似たような事が身辺に起きることがあります。これはカルマの洗い出し現象です。その時は、よくお祈りをし、気をしっかりもって、適切に対応していくことです。

前世の自分とは、性格、能力、仕事、体質、土地、身近な人、起きる出来事、体験、境遇、時代状況、課題、立場、役目など、今の現実と偶然以上に対応し、その内容もレベルもつり合っていて、全く同じではなくても似ているものです。現実との確かなつながりがあります。そのようなつながりがない場合は、妄想であり、思い違いの場合がほとんどです。思い込みをしていても真摯《しんし》に取り組んでいれば、「そうではないのですよ」というお知らせが来て、いずれ間違いに気づかされ、真相に至れます。ただし、否定するような事を言われても、天からの試みの場合や言ってこられる方の無理解の場合もあります。

前世は、自らを誇り、顕示し、人を見下し、支配するために用いてはいけません。現実から逃避し、「夢よ、再び！」と、前世の再現を意図して生きるものでもありません。むしろ自分のカルマを深く自覚し、厳かに受け止め、反省材料、励まし、今後の生きる上での参照点などとして用いるべきです。

前世は、現世をより良く生きるために探るものです。真実を知って、今後の人生に役立てたいとの思いをもつこと。前世は、現世に生まれてきた目的が無事遂げられるために明らかにされる場合が多いのです。カルマを果たし、使命を遂行して生まれてきた目的を遂げるために知らされます。あるいは、カルマを超えた時にわかってくるものです。

「カルマを果たす」とは、過去の責任をとることです。それによって、現状が良くなります。

前世で自分が歴史上の有名人だったことは稀です。〇・一～〇・〇一％程度でしょう。全くないことはありませんが、非常に少ない例です。歴史上に名が残る人物と自分とが関係していたか、自分と似た人物なのか、あるいは憧れ、現世の目標なのか。それを見ていってください。

本当の前世は一度にわかるものではありません。人生全般の学び、カルマ解消、使命への備え、導きと育成の一環として、わかってきます。検討とエクササイズをくり返す中で、次第に真相に近づいていくのです。あらゆる可能性を検討してみましょう。その取り組み自体に価値があることを知ってください。

自分の生まれ変わりを探るに際しては、人生と人生との間隔を考慮しましょう。昔は五百～千年、最近は百～二百五十年で生まれ変わるのが一般的なサイクルです。転生回数は三〇～一二〇回程度です。単純にこの三万年で、三百年に一回とすると、一〇〇回生まれ変わってきた計算になります。

人間には霊界に居た時の記憶もあり、そこで滞在していた時の影響も受けています。生まれ変わるということは、あの世とこの世を行き来しているからです。親鸞は現世から極楽浄土への生まれ変わりを往相、浄土から現世への生まれ変わりを還相《げんそう》と表現しています。一方、惑星に滞在していた時の記憶もあります。その上で、人は誰でも、生まれてくる時代と場所を選んで転生受肉してきます。それは、互いの縁、現世で必要な学び、果たすべきカルマ、貢献できそうな事などの絡《から》みで規定されます。

転生は一連の流れであり、一つひとつの人生は独立していると同時に、全体の転生の一環を成しています。それはさながらバトンリレーのようです。さらに、縁ある魂たちとの関わり合いで、大きなドラマが神の下《もと》、演出されていきます。カルマも使命も共有し合っているのです。この事から、転生が大きな愛、ＯＮＥを機軸に行われていることが見えてきます。

本書は、前世を探ることで現世が深まり、自分が活かされ、喜びに満ち溢れたものとなることを目指しています。その目的を達成するために、前世を発見できるさまざまな有効な手立てとその秘訣を紹介しました。

存分に楽しんで読み、この機会にいくつもの観点から自分を探ってみてください。きっとこれまで知らなかった面を発見し、人生が明るくなり、心が穏やかで楽になり、生きる勇気と自信と力、周りに対する思いやりと配慮が出てくるでしょう。

＊この本は、二〇〇九年九月三日、四日の二日間にわたってとったリサーチ・リーディングとメモを元に書き起こしました。リーディングを行ったときのソース（情報源）への質問は、巻末に掲載されています。

第一章

人は誰でも生まれ変わる

世の中を広く見渡してみると、「人は生まれ変わる」と見る人と、「人は生まれ変わらない」と見る人との二種類に分かれることがわかります。これは現代ばかりではなく、人類の歴史において、必ずと言ってよいほどこの二つの人間観、あるいは生命観が見られます。

しかし、人が生まれ変わりや前世についてどのように見るかということと事実とは、同じとは限りません。多くの人たちが否定していることでも、事実として本当に存在することもあります。一方、多くの人たちが「ある」と見ていることでも、実際にはないこともあります。あるいは、学者や識者たちが否定していることでも、現実にあることもあります。さらに、これまでの科学では証明されていないために多くの一般の人たちが信じていないことでも、事実として起きていることもあるのです。

人間が生まれ変わることもその一つです。そのことを科学的に証明するのは、困難なことです。それでも事実としてあるならば、そのことを厳《おごそ》かに受け止め、その生まれ変わりを前提にして人間を見たり、自分を見つめたり、生まれ変わりを前提に人生を生きたり、現実の事に対処したりする方がよいでしょう。

細かく見ていくと、転生を認めている人たちの中でも、生まれ変わりや生まれ変わりを司《つかさど》るカルマの法則について、いろいろな捉え方や認識や、生まれ変わりへのさまざまな関わり方が見受けられます。

ここで改めて次のことを問いかけたいと思います。生まれ変わりは、本当にあるのでしょうか。あるとするならば、それはどのように作用しているのでしょうか。

答えは、確かに生まれ変わりはあり、カルマの因果律に基づいて、神が人間のためにその法則を設け、教育的な育成の手立てとして用いられているのです。

では、なぜそのように言いえるのか。その根拠をいくつか挙げてみましょう。

一、自分自身やほかの多くの人たちを虚心坦懐《きょしんたんかい》な目で眺め、心の奥の知恵を働かせると、物理的な客観世界に法則が作用しているばかりではなく、人間の心や魂にも法則が働いていることが認識されてきます。それによって人生で起きる事や巡ってくる状況は偶然ではなく、因果の法則に基づいて起きてくること、また、その因果の法則は神によって作られたものであり、その手立てを用いられて神ご自身が人間のために計らわれ、育て導かれているということが、現実の自分や世の中の動きからわかります。

巡ってくる状況や起きる出来事は決して偶然ではなく、直接には現世で本人が行った事に対する結果であること、しかしそればかりではなく、遠くさかのぼれば前世で本人が行った事、すなわちカルマに基づいて起きてくること。しかもそれを神様が上手に手立てとして用いられて、一人ひとりを教育し、愛と命の本源へと育て導かれていることが認識されてきます。

このように、内省的に愛と知恵のまなざしで人生や世の中の動きを見てみると、生まれ変わりがあることが認識されてきます。これは生まれ変わりの直接の論証にはなってはいなくても、人間や人間の動きを平らな目でつぶさに観察してみると、「生まれ変わりはない」という方向の事よりも、「生まれ変わりはある」という方向の事柄がずっと多く起きていることに気づかせられます。

「生まれ変わりはある」と見なした方が、多くの事のつじつまが合い、論理的なのです。これによって、傍証としてではありますが、「どうやら生まれ変わるらしい」と現実が示唆してくることに思い至ります。

二、前世を実際に覚えている人たちが、世の中にはある程度の人数います。世界の六七億人あまりの人たちの大半は、前世を思い出せませんが、中にはわずかながら、自分の前世を覚えている人たちがいます。特に、生まれ変わりを現在でも信じている人の多いインドで、しかも子どもたちが、自分の前世を覚えているのです。インドばかりではありませんが、世界の無数の人たちの中には、前世を覚えている人たちがいるという事実があります。

もちろん、中にはただの思い込みや、また人によっては意図的に話を作り上げて、うそを語る人もいることでしょう。しかし、イアン・スティーブンソン博士の綿密な研究や調査によって、前世を覚えているという人たちの中で「これはほとんど間違いがない」とわかったケースが、数百人から千人以上に及んでいます。現在では、スティーブンソン博士の研究や調査を継承して、この方向で生まれ変わりを科学的に検証する科学者や研究者がいて、研究を続行しています。

このように、スティーブンソン博士をはじめとする真摯《しんし》な研究者の手によって、自分の前世を覚えているという人たちの検証が綿密になされ、「これは確からしい」というケースが数百例以上、発表されています。

これらのケースの大半は、二～六歳の子どもです。それは、子どもの方がまだ前世を覚えているからです。しかし子どもだけとは限らず、一般の大人にも、また、霊能者や霊的に覚醒《かくせい》している人たちの中にもいます。

これらの人たちの中にも捉え違いの人はいるし、さらに意図的に話を捏造《ねつぞう》している人もいることでしょう。それでも、大人たちの中にも自分の前世を自覚し、しかもそれが本当の前世である場合もある程度は存在しています。

よく知られている例として、ジョーン・グラントというイギリス人女性作家がいます。彼女は主に夢の中で自分の前世を思い出し、それを夫に筆記してもらったものが何冊かの本になって発刊されています。

三、退行催眠と前世療法によって、多くの被験者、すなわちクライアントが催眠意識状態で現世の幼少期からさらにさかのぼり、自分の前世を思い出し、それを語っています。そして、一般の医学や心理療法では治癒されない多くの病に効果を上げています。

もちろん、この場合でも、クライアントたちが話を作り上げていたり、作り上げているつもりがなくても自分の前世だと思って勝手にイメージし、語っているケースも多いことでしょう。それでも、無数の退行催眠や前世療法の中で、実際に前世を思い出しているケースが着実に増えつつあります。

四、エドガー・ケイシー、本山博博士をはじめとするリーディングやチャネリングなどの確かな霊的診断が行われたことによって、生まれ変わりと前世のあることが具体的に示されました。

これは、いわゆるエドガー・ケイシーの流ればかりではなく、日本の霊能者やネイティブアメリカンのサイキックなどによっても行われています。もちろん、これらの中でもその能力や的確さには差があります。それでも全部が間違っているのではなく、正しく読み取られているケースが数えきれないほどあります。

これも生まれ変わりの直接の証明にはなっていなくても、描写された内容と現実との符合や、また、それを元に生きることで人生が好転し、問題が解決したことで、効果があること、そして描写されたことが真実であることが示唆されています。

五、エドガー・ケイシーの系統のリーディングや現代の霊視ばかりではなく、昔から宗教や哲学や神秘思想の中には生まれ変わりを説いているものがたくさんあります。無数の聖人、覚者、賢者らが転生を覚知してきています。インドは生まれ変わりを最も多く説いてきていて、現在でも「それは事実である」という前提で多くの人たちが日々生活しています。

インド以外では、古代のエジプトで、まず広い意味での生まれ変わりや魂の不滅が説かれていました。それはミイラを作ったことや、多くの豪華な副葬品を遺体と共に置いたことから明らかです。あるいはピラミッドを造り、死者の書を唱えることからもわかります。

このようなエジプトの流れとギリシャのオルペウス教との流れを受けて、ギリシャにはピタゴラスが現れました。ピタゴラス以降、エンペドクレス、ソクラテス、プラトンも生まれ変わりを認め、強調しました。彼らは想起を重んじました。さらに、新プラトン学派のプロティノスは師匠のサッカスのもとで、キリスト教神父のオリゲネスと兄弟弟子でしたが、オリゲネスもプロティノスも生まれ変わりを認め、それを前提に信仰と本源への道を説きました。初期キリスト教時代の前後のグノーシス主義でも、生まれ変わりを認めていました。ドルイド教、カタリ派にも同様の考えがありました。

近代では、ブラヴァツキー夫人が神智学で生まれ変わりとカルマを前提に教義を構築し、その影響下にシュタイナーが現れ、人智学を打ち立てました。

そのほか、世界中の霊媒や啓発を受けた詩人、芸術家、教育者などにも転生信奉者は多く見られます。ゲーテやカントも、その人たちの中に含まれています。チベットでは生まれ変わりを重視し、その指導者であるダライ・ラマがくりかえし生まれ変わりながら人々を教導し続けていることが信じられ、現実にもそれを元に政治と宗教教育が行われています。

現代においては、エドガー・ケイシー以来、たくさんの前世を読む者たちが出てきましたし、前世療法も多数試みられるようになっています。

六、臨死体験や体外離脱、あるいはデジャ・ヴュの体験が見られ、一般の多くの人たちが、生まれ変わりや前世のあることの前提となる魂の存在とその不滅性を体験しています。

デジャ・ヴュとは「既視感」と訳され、「既に見た」という意味のフランス語です。初めて行った場所なのに懐かしく感じられ、初めての気がしない。これがもっと進むと、初めて訪れた所なのに、どこに何があるかまで具体的にわかってしまう。この現象も、前世のあることをほのめかしています。

また、夢の中で前世を思い出すことも、霊感のある人の中ではしばしば起きています。

七、私自身、真理を探求し内省を深める中で、文献や他者の例だけではなく、生まれ変わりと前世があることを多くの霊体験によって直接知り、それが本当であることを確認させられました。私の行うヨハネ・リーディングはすでに一万一千件を超えましたが、自身の前世も具体的にいくつか判明し、確証が得られつつあります。

以上の七つの根拠によって、生まれ変わりの存在と、そこにカルマの法則が働いていることが、かなりの割合で確からしいと示されています。

現世と前世とは関連し合う一つの生命の流れです。前世とは過去の自分であり、来世とは未来の自分です。特別なものでも奇異なものでもありません。そして、現世は前世の結果です。それゆえ、「現世がこうであるからには、前世はこうであったろう」との推測ができます。前世発見は健全で正しい、広くて深い自己認識へと人を導きます。天職、使命、可能性、人生目的、留意点などに気づかせてくれます。前世探求は自己認識、自己育成、そして自己活用し、社会に役立てるために取り組むものです。自分の復元作業を行うことで、自分のことに責任を持つようになります。自分が修復され、育成、活用されて、素晴らしい人生とすることができるのです。

第二章

前世とは過去の自分

前世の影響は今の人生の至る所に見受けられます。カルマ、才能、仕事、趣味、性格、長所、短所、弱点、癖、雰囲気、態度、体質、病気、容姿容貌、出来事、体験、境遇、運不運、人間関係、家族関係、環境、土地との関わりなどです。

前世とは、特別なことではありません。時の流れの中で自分の本体が生き続け、前の人生を継続しているということです。現世の中での五年前、三〇年前があって、その五年前、三〇年前の事の影響を今受けているのと同様に、三〇〇年前の前世、二千年前の前世の影響も受けて、今、生きているのです。

カルマの因果関係として、前世の影響を見ていくことができます。しかし、もっと広げればカルマの因果関係ばかりではなく、前があって今がある、それがすべてに及んでいるので、どの部分は影響を受けているとか、ほかの部分は影響を受けていないとかということではなく、すべてにわたって前世の影響が今に及んでいるのです。

人格も能力も、これまで過ごしてきた幾多の前世の積み重ねとしてあります。現在のその人の人格は、複数の前世の体験に基づく知恵が凝縮したものです。前世で体験を通して身をもって神様から教えられた教訓が、生まれ変わった現在、その人の中で知恵として認められ、それが今を生きる上で役立っています。

素質、才能、直観、洞察力、インスピレーション、ある特定の事に対する知識、理解、技術、技――これらは当人の前世での努力を表すものです。人は生きながら、自分で自分を作り上げ、また解消させる存在なのです。現在のあり方は、転生を含めたこれまでの生の結果です。その意味で、前世の記憶を広く解釈すれば、現に今得意にしていることやわかることが前世の記憶であり、かつて生きて励んでいたことの証《あかし》となっているのです。

これまで前世で生きてきた集大成として、今のその人の内容や程度が規定されています。前世で怠けていて、間違った事を行っていたなら、今世も程度は知れているし、現在才能に恵まれず、困っている分野があるはずです。

厳密に言うと、「複数の前世プラス現世のこれまで」というすべての過去によって、現在の状態があるのです。特に、性格、能力、仕事、体質、風貌《ふうぼう》、人間関係、土地、境遇、運命などは、その多くが前世から引き継がれたものであり、前世を抜きにしては語れません。

このように言うと、「それはご先祖さんから受け継いできたものであり、直接には両親からの遺伝である」と反論する人たちがいることでしょう。あるいは「親のしつけや、生まれ育った家庭環境や、その後受けていく教育によって作られたものだ」と言われるかもしれません。

確かに遺伝の法則は働いているし、生まれてから親のしつけや家庭環境の影響で形成される部分もあります。しかし、遺伝の法則やしつけだけでは説明できない部分が依然として残るのです。同じ両親のもとに生まれた子どもたち、たとえば五人いる子どもたちは、本当に同じ両親のもとに出てきたかと驚くほど違っている例も多くあります。

これも、「両親の遺伝子の配列の組み合わせ具合の違いで、兄弟姉妹に差が出ただけだ」と言うかもしれません。

ですが、「なぜそのように、両親の遺伝子の組み合わせがそれぞれの子どもに違って出たのか」という所の説明にまではなっていません。やはり、「前世がある」という前提で事実を見た方がずっとつじつまが合い、現実の動きや事実の多くが、「生まれ変わりはない」ということよりも「ある」という方向を示しているのです。

ご先祖からの遺伝の法則ももちろん働いていますが、それは表面に作用している法則にすぎません。遺伝の法則をさらに奥で司っている霊的な法則があります。それが、個人個人の輪廻転生を司るカルマの法則であり、そのいちばん元には神様のご計画と意図があります。

現代の科学は、現象だけを調べ、事実の説明をするだけです。「なぜそのようになっているか」という根拠や意図までは扱いません。なぜならそれは、宗教や哲学の対象だからです。しかし、事実だけ、しかも事実の表面のみである現象だけをどんなに調べて検証しても、奥で動いていることやそのからくりまでは解明できません。

生まれ変わりの法則は特に人間の根底に関わることなので、どうしても現在の科学や学問の範囲では漏れ落ちやすいのです。しかし、「解明されないから、無い」とは言えません。それが現代の科学の限界です。科学の価値や使命はありますが、事実なのに解明されていないことはまだまだ多く存在します。生まれ変わりもその一つです。

現代の科学や学問の歴史は、まだこの三〇〇年程度です。一方、宗教や精神の歴史は数万年にわたります。それだけに、現代の科学を超え、まだ解明されていない知恵や優れた方法が、宗教や思想、あるいは神秘学や精神世界にはあることは自明の理でしょう。

前世を基盤として、現世のその人があります。これがすべての面にわたって当てはまります。同様に、今の考え方や行動、現実への対処の仕方が、五年後、二〇年後、さらには霊界や来世でのあり方までを規定し、方向づけます。

一方、霊界や来世を規定するのは、今行っている事ばかりではありません。前世からのもので、まだ果たされていない部分が、霊界や来世に行って現れ出ることがあるからです。

前世は、現実のその人や状況や問題から飛び離れたことではありません。その人の中で今動いているものであり、その人の現在を作り上げているものです。時の流れの中では、前世は過去ということになりますが、意識の中では、現在でもその人の奥にあって、その人を規定している部分が前世なのです。

それがわかると、「過去のことだから関係ない」とは言えなくなります。今その人の中にあり、その人のものを良くも悪くも作り上げて影響を及ぼしてきているからこそ、前世に目を向け、扱うことが大切です。

第三章

旅を深める前世探求

悠久の時の流れの中で、それぞれの生命体が形態や居場所を変えながら存続しています。いわゆる生まれ変わり現象が、そこには見られます。それは仏教で認めているかいないかに関わらず、確かに起きている事実です。現に人は皆、あの世とこの世とを交互に行き来しながら、生まれ変わり続けています。

しかも、ただ生まれ変わり続けているだけではなく、神の摂理の下《もと》、一つひとつの生命体が神の愛によって計画的に、その人自身の作ったカルマを通して鍛えられ、試され、育て上げられて、命の本源へと誘《いざな》われつつあります。転生とは生命の発達と浄化、調整の歴史です。現世とは、その流れの中の一コマです。

なぜ一人ひとりの状態が違うのか。なぜ一人ひとりが違った状況に置かれ、違う事を体験していくのか。

それは当人たちが作ったカルマの自業自得から説明でき、また、そのカルマを神様が上手に用いられて、その人その人をマンツーマンで個別教育をしておられることからも説明することが可能です。現実の動きこそ神とその人とのダイナミックな関わりであり、その具体的な現れとなっているのです。

神を現実のほかに見るのではなく、神様は気高く天の世界におられると同時に、一人ひとりの現実の人生に直接関与してくださり、身をもって鍛えるために訓練を与えてくださっている。それが一人ひとりの現実に起きてくる事や、与えられる状況の説明です。

それがわかると、確信と喜びをもって一〇〇％現実を実際的に生きるようになります。「理想と現実」「神様と自分」。この両者を対立的に見るのではなく、密接に関わって進んでいく一体のものとして見ていくダイナミックで生き生きした人生観が、転生論から生じてきます。


自分探しの旅を行う時も、現実と自分を切り離すよりも、現実との関わりで自分を見ていくことが必要です。現実を意味のない、あるいは矛盾した世界と捉えずに自分自身を見ると、自分と関わっていることには、現実にどんなに矛盾や悪があろうともその背後には神様がおられ、神様に見守られ、導かれながら、現実と現実に生ける人間とがタイアップしつつ、確かなゴールへと向かいつつある姿だと思えてきます。

現実から遊離した観念的な自分探しでは本当のものは得られません。そのような自分探しでは成長と自己活用と役立ちにはつながりにくいのです。現実の説明にならないばかりか、現実の被害者に陥ることすらあります。あるいは孤高の仙人や聖者になればまだよい方で、それが叶わなければ現実に適応できないまま、社会を軽蔑《けいべつ》し、現実と対立するような生き方になってしまいます。

静かに素直な心で自分を見つめ、内省していくと、少なくとも自分の周りは人々の態度や動きも含めてすべて自分の投影であり、ほかならぬ自分に責任があることが見えてきます。

自分に責任があるということは、自分が責められているということではありません。また、重荷なのでもありません。すべての現実は自分が作り出したものであると考えると、今後の捉え方と取り組み方によって、現実に主体的に関与し、現実を自分の思うような理想の形に作り変えられる可能性を授かっているということに思い至ります。

カルマも生まれ変わりも、過去の犠牲になることではありません。過去の影響下で今のようになってしまっているという、否定的にだけ見るためのカルマ論ではありません。

まず、「なぜこうであるのか」という深い次元での理由を認識して理解し、現状を受け止め直すことです。すると、現状に立ちながらも、これからどうするとよいのかがそこから見えてきて、無理なく実際的に、少しずつ前向きに対処していくことで、未来を明るく希望に満ちたものとしていくことができます。過去を認識し、踏まえた上で、これからどうしたらより良くなるのかが見えてくれば、力強く実際的に喜びをもって生きられるようになります。

現在の自分の基盤には、前世があります。人は他の犠牲者ではありません。今の自分の性格や能力や境遇が良いものと感じるならば、神やほかの人たちに感謝するとともに、それを生み出した過去の自分にも感謝していきましょう。

同様に、現在の自分に問題や課題があって困っているのなら、神を呪《のろ》ったり、人や世の中を快く思わなかったりするのではなく、前世を含めたこれまでの自分を反省し、そのことから教訓を学び直して、これからは気をつけて生き、あるいは精進していけばよいのです。それによって次第に苦境を脱し、また、性格も良くなったり、能力も高まったり、体も健康になってきます。周りからよく思われ、状況にも恵まれるようになります。因果のカルマの法則は、前世から現世にかけて当てはまるばかりではなく、現世から来世にも同様に作用していくからです。

これは、誰にでも満遍なく公平に、時を超え作用し続けている、一貫したONEの法則です。本人がこれに気づき、その法則との関わり方次第で、良くなっていけるのです。

例えるならそれは、日本人なら誰でも日本の同じ法律や制度の下《もと》に生かされていて、本人次第で法律や警察を敵に回し、法律や警察からひどい目に遭うこともあれば、自分が正しく法律に基づいて生きていて、いざという時でも法律や警察が味方になってくれることもあるのと似ています。

法律や警察は、カルマの法則の喩《たと》えです。それは客観的にあるもので、良いとも悪いとも言えません。それが味方してくれるか、自分に歯向かい牙《きば》をむくかは、本人の心がけと関わり方次第で決まるのです。

関わり方次第では、カルマの法則に感謝を持ち、人生を創造的に生きていけるようになります。そして神はそのことを望まれ、そのためにいろいろな事を起こしてくださいます。

神は、その人が憎くて起こすのではなく、その人をつぶすために起こすのでもありません。神の子である人間に対して、誰にでも愛をもって、「気づくように、わかるように、そして改めるように」と、愛の鞭《むち》で仕込まれるのです。神のなさることは、人間のするいじめとは異なります。

過去・現在・未来にわたって、悠久の時の流れの中で自分を見つめ、自分を修正しながら、作り上げていく。それが自分探しの旅の目的と価値です。本書はその三部作の中の過去編になっています。


前世というものがあり、しかも存在するばかりではなく、それが現在に深く影響を及ぼしている以上、前世も含めて自己探求をしないと、ただ表面をなぞっただけで終わってしまいます。また、自分探しは、他者や環境や出来事と切り離しては本当のものは見えてきません。さらに言えば、霊的に神との関わりで自分を見てこそ、自分の本質や起きてくる事が何であるかが見えてきます。

カルマの法則の喩えとして、法律や警察を引き合いに出しましたが、そのカルマの法則を動かしめているのは神です。それゆえ、カルマの法則やその作用だけを見ずに、その法則を設けられ、それを人間のために行使されておられる神に目を向けることで、神と自分との関係が明らかになってきます。

自分探しの旅は、このように命の本源であり、霊的な親である神を抜きにしては、浅いものや独り善がりのものに陥りかねません。それを踏まえて、人々や環境との関わりでも見ていくこと。それが仏教の「縁」ということです。

こうして、前世・現世・来世にわたって奥深い次元まで考慮して自分探しを続けてこそ、その旅は実り多いものとなります。自分の全体像を捉え、自分を抜本的に改革してこそ、今の生き方に正しく効果的に生きてくることになるのです。

第四章

前世にアクセスする方法

前世を思い出すことはたやすくはありませんが、思い出しやすい前世が最初の足がかりとなります。それは、直前の前世、現世と似ている前世、現世への影響の大きい前世、現世で果たすべきカルマを作ってしまった前世、霊的に覚醒して活躍していた前世、偉大な師から伝授を受けた前世、悲劇的な終わり方をしたか窮地に陥った前世、などです。

前世を思い出す人には、次のような特徴があります。

・直前の前世で悲劇的な死を遂げて、すぐ生まれ変わってきた人。
・心が純粋できれいな人。
・本音と建前が分離していない人。潜在意識と顕在意識のブロックが少ない人。夢をよく見る人。
・前世から信仰深い人。特に転生のあることを認めている人。
・前世で修行し、ある程度目覚めていた人、霊能力のある人。特にアジナーチャクラが覚醒している人。
・前世を知る必要のある人。
・前世を知って、他のために自分を正しく用いようとしている人。
・前世の影響があまりにも大きい人。カルマが顕在化している人。

・人や自然に対し、思いやりのある人。
・霊的成長を心がけている人。
・精神世界と物質世界（日常生活・仕事）とのバランスのとれている人。
・自分のカルマを自覚し、自分を客観的に捉えられ、心が自由でカルマを超え始めている人。
・自分から自由な人。

自分で自分の前世を知ることは、一般の人たちにとって正直難しいことではありますが、全く不可能なことでもありません。

前世を知ることに限らず、どんな事柄においても、予備知識が必要です。正しい理解と適切な取り組みによって、たとえどんなに困難に思われる事柄でも、不可能を可能にすることができます。

どんな分野でも、それぞれの道の専門家がいて、そのことに献身し、研究し、日夜取り組んでいます。さらにそのような人たちが、一個人だけではなく、長い期間にわたって複数の人で取り組み、前の成果を踏まえて次の人たちがさらに取り組んでいくと、知識や理解が増し、取り組み方にも工夫ができてきます。

どんなことでも、そのようにして前進していくのです。そして、次第にコツがあることがわかり、それを指導者の下に上手に取り組むと、成果が上がってきます。

自分で自分の前世を探ることに関しても、以上のことがそのまま当てはまります。本書もそのために編まれました。


自分の前世を探ることは最近になって唐突に始まったことのように思われがちですが、実はすでに数千年もの長きにわたってこのようなことが行われ、取り組んできた人たちがいます。そして、ようやくこの数十年で再注目され、本格的な取り組みが始まりました。

長い間の積み重ねと実績の上で、取り組み続けることが重要です。どんなことでも初めてのことには不案内で、自信もなく、行ってもうまくできるとは限りませんが、正しい認識と指針を与えられ、それを基《もと》に取り組めば、全くできないということはありません。


では、どのようにして自分の前世にアクセスするのか。

まず、身心をリラックスさせることが必要です。そのために心を静め、呼吸を整えます。気持ちも落ち着けて、安心するようなスペースを設けます。

たぶん、自分の部屋で行うことが多いでしょう。さらに部屋に工夫をしてそれ相応のものに設《しつら》えれば、なお一層気持ちも引き締まり、自分の前世探求に専心して取り組める場となります。

簡素でも清らかで整った、身体的にも霊的にも安全な場を作ることを心がけます。そこでリラックスすることで、自分の前世が浮かび上がってきやすくなります。

さらに、霊的に覚醒してくると、前世を思い出しやすくなります。この場合も、リラックスして瞑想や内省をすることが前提となります。最初はただリラックスするばかりで、そのことに限界が感じられても、日々工夫しながらくりかえすことで、次第に自分の奥深い意識が感じ始め、自分の奥深い部分に気づき始めます。

また、神仏との関わりで祈りながら取り組めば、自分の奥の部分が神仏の働きかけで浄化され、目覚めも促進され、正しく守り導かれます。ただ独力で我流によって取り組むよりは、確かなテキストを基に正しい指針を得て取り組み、さらに祈りながら正しい動機と目的で行うと、前世探求も安全です。

本書も、そのために与えられるものです。それを手にした人は、すでに確かな指針を手にして前世探求に取り組み始めていると言えます。

潜在意識のさらにその奥に、本人の生命の核となる超意識があります。それは、生命そのものであり、その人の本質です。その超意識が自覚され、目覚めてくると、前世も浮かび上がってきて、自分の前世が認識されてきます。

人間の意識は、顕在意識、潜在意識、超意識、この三層にわたっています。一般の心理学では顕在意識と潜在意識しか説きませんが、超意識というものがあるのです。人間の霊的な部分です。

さらに、潜在意識をAとBに分けることができます。潜在意識Aは、現世の幼少期から現在までの体験に基づく記憶で占められています。それによって動く意識です。潜在意識Bは、現世より前の霊界での体験や、数多くの前世での体験に基づく記憶、あるいはトラウマや知恵が収められている領域です。奥深くにある深層心理です。

一般の心理学では、顕在意識と潜在意識Aしか説いていません。また、対象としてそこまでしか扱っていません。しかし、超心理学とも呼ばれる分野では、潜在意識B、さらに超意識をも認め、それを想定して取り組みます。仏教の中の唯識論やトランスパーソナル心理学ではそれに近いことを説いています。

潜在意識Aは、わずかこの数十年間によって作られた部分にすぎません。人間の潜在意識はもっと深く広いものがあり、前世でのものによって構成されているBの部分があり、それはAの部分よりはるかに広く、影響も大きいのです。無自覚な分、コントロールされていないので、無意識になっています。無意識というのは「意識がない」ということではなく、「自覚されていない意識」という意味です。自覚されていない分、コントロールができず、その無意識からの影響を受けて物事を行ってしまうのです。その意味で、潜在意識Bは、カルマの生みの母です。

一方、前世の知恵の部分は、本能的な直感や天賦の才として発揮されてもいますが、なぜそのように物事を理解し行えるのかは、本人にも周りの人たちにもわかりません。なぜか行えてしまう、なぜか理解できてしまう。それは主に、現世以前の前世での努力や頑張りによって作り上げられたものなのです。それが潜在意識Bの部分です。潜在意識Bと顕在意識にルートができている人が前世を思い出しているのです。

結局のところ「前世を想起する」とは、潜在意識Aでとどまらず、潜在意識Bにまで分け入って、そこを開き、浮かび上がらせることなのです。潜在意識の固く閉ざされてきた扉を開けること。そしてそのためには、もっと奥にある中心部分の超意識に自分が至らねばなりません。その助けを借りて前世を思い出していきます。無意識を意識化すること。そのためには日ごろ、自分が周囲に対して無意識に反応していることを見ていくことも役立ちます。

過去・現在・未来と、人間は生まれ変わりながら、何千年も何万年も生き続けてきました。この過去という中には、現世のこれまでの人生ばかりではなく、幾多の前世、さらには霊界にいた時の体験の記憶も含まれています。

それゆえ、過去が現在を作るということで、自己探求の場合、幼少期を含めた過去も扱うのですが、人が生まれ変わっている以上、何百年、何千年にわたる前世という過去こそ考慮し、そこも扱う対象に含めなければ、自分探しにしても、自己癒し、さらには自己活用も、不徹底のまま終わってしまいます。

なぜ今の自分がこうであるのか、それは前世まで見ていってこそ初めて明らかになります。さらに言えば、前世を超えて、神と自分との起点に位置する関わり、自分という生命体の創造の目的や由来、神の意図にまで行き着かないと、自分の存在理由や、なぜ自分がこのような特質を持っているのかは解明されません。しかし、それも含めて前世探求という、自分探しの過去の部分に取り組むのです。

生まれ変わる以上、自分の過去・現在・未来が、現世の過去・現在・未来を超えて、前世・現世・来世にまでわたっているので、その全体の数千年から数万年を対象とする自分探しになってきてこそ実りがあります。

そのような大きな時の流れの中の過去に当たる前世は、過去ということで「関係ない」とは言えず、意識の中では過去の部分が今でも事実として存在し、存在するばかりではなく潜在意識Bの中にあって今の自分を規定したり、影響を及ぼしたりしているのです。時間論から自由になって、存在論から見れば、意識の次元では前世は過去ではなく現在だと言えるでしょう。そのカルマが解ければ、自分の心もいろいろな物事も収まり、あるいは良いものに転化して作用を及ぼしてくれるようになります。カルマが自分に歯向かう敵ではなく、味方になる。それがカルマを解消することによって起きてくることです。

自分の中で手ごわい部分、悪さをしてしまう部分、癒されていない部分、このように自分を手こずらせている厄介者の過去の部分、現世のこの世にまで引きずってきている部分を自覚し、受け止め直し、対応すること。それによって解消し、収まってくるばかりではなく、過去のものが今度は現在に生きてきて、自分に協力してくれるようになるのです。今まで何千年も頑張って生きてきたことが無駄にならず、これからの自分を支え、育て導くようになってきます。

このように、前世は時間軸の中では過去で、すでに済んでしまったことですが、存在論的に見るなら、過去というよりも現在の奥深い根底をなす部分ということになります。そうであるからには、なおざりにできず、そこにはカルマ的課題ばかりではなく可能性もあることが見えてきます。

心が浄まって内省によって顕在意識と潜在意識Aを分ける意識のブロックが溶けてくると、まず、幼少期など、現世の過去の部分が自覚され、解けていきます。さらに行《ぎょう》が進むと、潜在意識Aと潜在意識Bを隔てている意識の中垣さえも溶けてきます。

素直な心で、超意識に自分の思いをとどめながら行うのが祈りであり、また、瞑想です。また、教えを自分の中で言い聞かせながら、日々それを指針として生きていると、それは超意識に通じる部分なので、超意識が次第に自覚され、活発になってきて、自分の外からの働きかけばかりではなく、内部の超意識からの働きかけも手伝って、外と内との両側から、意識を隔てているブロックが溶けていくのです。

顕在意識はペルソナの部分、仮面の部分です。建前で動く部分が顕在意識です。潜在意識Aは、本音の部分です。したがって、建前と本音を分けないようにすること。また、分けずに済むような生き方を採用することで、顕在意識と潜在意識Aを分けるブロックが溶けていきます。

さらに、前世があることを認め、理解し、前世を知りたいという純粋な動機を持って前世に思いを向けることで、潜在意識Aと潜在意識Bを分かつブロックも溶けていき、次第に夢の中で前世がイメージされてきます。さらに進んでくると、顕在意識にまで前世のイメージや自覚が浮かび上がってくるようになります。超意識は良心を特徴としているので、その心を大切にすると、活発化してきます。

前世を思い出す人はそれほど多くはありませんが、わずかながらいます。そのような人たちには、それぞれタイプは異なりますが、共通した部分があります。心が純粋で、きれいな人。信仰深い人。慈愛に富む人。自分を客観的に見て、自分がわかってきている人。前世で行やトレーニングに励んでいた人。現世で、ある前世を思い出す必要のある人。

このような特徴を持っている人たちは、前世を覚えているか、あるいは後で思い出します。ということは、以上のことを目標にして励むと、一般の人でも前世を思い出す方向に近づいてきます。カルマが解消し、前世を超えると、真相が明らかとなってくるのです。

それでは、前世探しの方法とテクニックを以下に紹介しましょう。

①　自己分析、占い、心理テスト

前世とは、自分の中にあるものです。中にあるばかりではなく、自己形成要因として前世があります。その人が生まれ変わりながら生き続けてきた形跡が、現在のその人の状態となっています。また前世は、周りの状況にも反映しています。

そのため、自分の状態と周りの状況とをつぶさに調べていくことです。前世は夢物語ではなく、非現実的で観念的なものではありません。今の自分や自分の周りに表れているものです。極めて現実的で、時に生々しいのが前世なのです。

したがって、前世を知るためには、自己分析を綿密にしていくことです。たとえば、内観し、ジャーナルにつける。自分に焦点を当てて、自分を見つめる。それによって見えてきた自分のうち、前世に由来するものとは、現世のこれまでの数十年では説明できない部分、その背景となる部分です。現在の自分の奥深い部分、また、表面の自分や現世から説明できる部分の背景をなす部分が、前世を示唆しています。表面的な部分、あるいは現世での数十年間で作られている部分にしても、「では、なぜそうなっているのか」という理由や原因の所に前世が隠れていることもあります。それを見逃さないことです。

自己理解や自己認識のために自己分析に取り組む場合、奥深い部分や、また、表面の部分がなぜそうなっているかという原因や理由も追究していかなければなりません。

自己分析は、まず、①性格などの内面性　②体の状態、体質や容姿容貌　③能力や才能、それとの関連で仕事。この三分野からアプローチしていきます。

現在は過去の生の総体であり、過去のものが凝縮された形なので、前世を知りたければまず、現世の自分の性格、個性、癖、特徴、傾向、特に生まれ持った素地、衝動などを見ていくことです。また、能力、現実の仕事、職歴、体質、病歴も見てください。身体的特徴、あざや変形などの徴《しるし》も考慮しましょう。

容姿容貌に関しても、私の場合ならドイツのノヴァーリスなど、少なくとも四つの前世で、現世の自分と酷似していたことを自己調査で確認しています。たとえ生まれ変わって肉体は替わっても魂の特性やカルマを投影するので、容姿容貌も前世の自分とある程度似ている場合が多くあります。

また、自分の状態を見ていく時に、周囲の状況との関わりには、まず「人間関係」があります。自分に縁のある人は誰か、どんな人間関係を作りつつあるか。あるいは人との関わりで何を体験しつつあるか。人との関わりの中で起きている体験やパターンはどんなことがあるか。といったように、家族関係をはじめ友人知人関係、仕事上での人間関係、霊的な学びや何かの習い事などの師匠と弟子との師弟関係や、弟子や生徒さん同士の関係など、自分と他者との関係性も調べてみましょう。

真の前世の場合、自分の性格、能力、仕事、体質などと並んで、周りの人たちも前世の時と対応しているのが特徴です。

周囲の状況や環境でのもう一つは、土地とのご縁です。自分で自分の前世を探る場合、「土地」にヒントが隠されている場合が多いのです。人は単独で宙に浮いたような形で生まれ変わるのではありません。場所との関連を持って、人間は地上で生きていきます。どこに生まれてくるかということはもちろんですが、どこに住むようになるのか、どこに居を構え、あるいはどこで働くようになるのか。また、どの土地の人たちと関わりが多いか。場所や土地を探っていくことで、前世が浮かび上がってくるきっかけになります。

そしてその中でも特に、これまでの体験、出来事、行動や心のパターン、内面性、心の中のイメージ、環境や状況や境遇、人生の経緯、デジャ・ヴュの体験内容、自分固有の習癖、習慣は前世を知る大きな手がかりになります。自分の中にある実感、フィット感が、前世を追跡、識別する際のポイントです。間違った前世には、しっくりこない感じなどの異和感、疑問が伴います。

このように、自己分析から前世にアプローチする場合、自分自体の状態を表すものとして、性格、体質、能力。まずこの三つを調べましょう。それと並行して、周囲の状況や環境の側面である人間関係と土地を調べるとよいでしょう。

前世を知る手がかりとして、ほかに占いというものがあります。占いによって、現世の自分の状態や課題や可能性が見えてきます。その場合、星の配置などに前世が見え隠れします。前世まで想定した、前世もある程度読める占星学もあります。

では、占星学によって前世がどこまでわかるのでしょうか。直接具体的に前世を特定できなくても、現在の背景、あるいはルーツとなるその人の魂を占星学によってつかむことは、ある程度可能です。星の配置や内分泌腺に及ぼす影響などから、その人のルーツや前世での課題、現世での才能や天職が浮かび上がるからです。特に直前の霊界にいた時や、直前の霊界を、星の配置そのものと、それによってもたらされている気質や傾向性から読み取ることができます。

占いによって前世を見ていく方法は、いくつかあります。世間で紹介され、知られているものとしては、インドのアガスティアの葉があります。それは、アカシック・レコードと本人の生まれた生年月日とを組み合わせた手法です。誰が行ってもアガスティアの葉があるのは当然です。その人自身のアガスティアの葉があるからというのではなく、占星学のパターンの数だけ葉っぱがあり、誰が行ってもどのパターンかには属しているのでその人の葉っぱは必ずあり、それを基に占星学的に読み取る業《わざ》だからです。それがアカシック・レコードとも関連して、生まれた時点の星の配置である程度読み取られるのです。

後に紹介される「自分で自分のリーディングを行う」というセルフリーディングにおいても、占星学とリーディングとは全く別物でないことが、自分で行うことでわかってくるでしょう。アカシック・レコードにアクセスすると、自分が生まれた時点の星の配置が、まず目に浮かぶからです。

ほかの人のアカシック・レコードにアクセスしてリーディングをする場合でも、その人の生年月日を手がかりにしてアカシック・レコードへと向かうと、その人の現世の生まれた時点の星の配置が見えてきます。インドでは生まれ変わりは常識ですので、占星学の中で知らず知らずのうちにアカシック・レコードを基にした葉っぱが作られたものでしょう。

現世で生まれた時点の生年月日、時刻、さらにどこに生まれたか。それによって星の配置がわかり、そこに前世が投影されています。優れた占星術師は、現世の生まれたホロスコープや四柱推命などから、前世を、霊感を働かせて読み取ることができます。

そしてもうひとつ、心理テストの検査を受けることで、現在の自分を形作っている背景となる部分が推し量られることもあります。今の自分に及ぼしている衝動や願い、恐れなどから、前世が浮かび上がってきます。自己分析の一環として心理テストを受けることでも、間接的ながら前世がある程度見えてくるようになります。

個性、タイプ、適性、行動パターン、特徴などが心理テストでわかったら、そこから前世を探ってみましょう。

このように方法はいくつかありますが、まずは自己分析をして、つぶさに自分のあらゆる面を改めて見ていくことがスタートです。「自分は、自分のことぐらいはわかっている」と単純に捉えるべきではありません。ある程度はわかっていても、深くはわかっていない。あるいは主観的に捉えていて、なんとなくセルフイメージをいだいて終わっている人がほとんどです。改めて新鮮な気持ちで、自分自身を他人の一人として見るように観察し、追究してみましょう。

そして、「なぜこうなっているのか」という理由も自問自答しながら見ていくことです。

つまり、自分を見ていく場合、「事実としてどのようであるか」を認識することにとどまらず、「なぜそうなっているのか」、その理由や由来にも、連想を働かせ、瞑想をして探ること。また、その思いをいだいて夜眠りにつき、夢にも注目してみましょう。そして、生きていく中で起きてくる出来事から推し量っていくのです。

ジャーナルは自己認識と自己活用には不可欠のツールです。自分の現世の数十年にわたる半生涯の、主だった出来事や体験を綴ってみましょう。これまでの半生涯の足跡が、何よりも自分の前世を物語っています。まさに、論より証拠です。事実そのものに語らしめるのです。さらに、なぜそういう体験を自分がしなければならなかったのか。あるいは、自分がなぜそこでそういう行動をしたのか。その由来や背景や理由を探っていくのです。

ジャーナルは自己内対話を助ける内観の心理的作業です。

人は、過去から最も多くを学べる生きものです。それは喩えて言えば、入試の本番が近づいてきた受験生が、最も短期間に学力をアップするために、入試の直前の三ヶ月間で、これまでの数年間に受けた自分の答案用紙をすべて見直し、間違った個所を全部覚え直すことに似ています。

入試直前の三ヶ月で、これまで数年間でまだ習得していない個所や、間違えた部分を全部見て覚え直すと、着実に学力がアップします。過去に七〇点だったテストを見直して、間違えてしまった問題や答えられなかった三〇点の部分を、最後に見て習得するよう、これまでのすべてのテスト用紙に向かいます。

それはちょうど、人生勉強としてのこれまでの数十年間を振り返って、自分がしてきた事、つらかった体験、出来事などを見直し、なぜ間違ったのか、どうするとよかったのか、そしてなぜそうなったのか、それを見直すことに相当します。

さらに、現世の数十年間だけにとどまらず、現世の自分の間違いやつらかった事、悲しかった事から入っていき、前世の数千年、数万年の体験というカルマの部分に想いを馳せて、前世まで含めて検討すると、自分の人間としての実力が短期間で急速にアップします。人は自分の過去の過ち、カルマから最も多くのことを学べるのです。

そのために前世を扱います。これからの向上と自己活用のために、現世の数十年から始まって、数千年にわたる前世まで調べることで、自分の過去から最も多くの教訓を汲み取って成長するのです。同じ間違いを二度としないこと。それだけでも目を見張るほど実力がアップします。これは人生を生きる鉄則です。

自己分析を行うことで、このような自己是正と成長という副産物も得られます。ただ「自分がわかった」ということにとどまりません。わかるとそこに教訓があるので、これからどうしたらよいのか、特に何に留意するべきなのかが教えられます。また、過去の出来事については「なぜそうなったか」までが含まれています。その「なぜ」という所に前世のカルマが潜んでいる場合が多いのです。

そのため、現世の数十年の自己分析を出来事も含めて行うと、それは前世の結果であることがわかり、「このような数十年間だったのだから、その原因となる前世はこうだろう」というものが想定されてきます。そこで想像し、勘も働かせて祈りつつ時間をかけて取り組み続けると、単なる想像や推測にとどまらず、現世という結果の原因となっている前世の姿が絞り込まれ、特定されてくるのです。

自己分析をしていく時は、「自分はこうなんだ」というところで終わらず、また終わらせないこと。そして、自己分析の作業やエクササイズの一環として、前世の観点で占星学や心理テストも見直し、時には活用してみましょう。

自分が惹かれること、執着、こだわり、得意なこと、性格や外見の特徴、人生・運命の特徴、変わった点・特異性、好みの音楽・絵・スポーツ、収集しているものなどを見ていきましょう。自分の家、自室、職場などを他人のもののように、初めて見る所のように観察してみましょう。

自分独自の考え方、捉え方、見なし方、価値観、話し方、人との関わり方、行動、習慣、自分の中のイメージ、思い、嗜好《しこう》性などに注目し、その理由と由来を探りましょう。そこに前世との対応やつながりがあると感じるでしょうか。また常々、気になっていた事を実際に行ってみることで、行いながら前世を体感し、「この事は今が初めてではない、以前にもどこかでしていたことがある」と思い出し、確認できることもあります。

性格、気質、興味、趣味、能力、仕事、体質、体形、風貌、病気、態度、雰囲気、人間関係、

土地、境遇、食物、服装、装飾品、ヘアースタイル、生活様式、家、家具、調度品、信仰、しきたり、カルマ、悩み、課題、心と行動のパターンなどを自己分析します。また、周りの人にも訊いてみます。

転生における氏名近似もありえます。名前にも注目しましょう。たとえば私の場合なら、ヨハネという名前は現世で少なくとも三回目であり、また、現世では鎌倉時代の前世の時と似た名前になりました。実際に体験してきたこと、縁、日常の示唆、出来事メッセージ、徴などに、細かく着目しましょう。現世を記録し、分析する中で、前世の現世への反映を確認すること。前世と現世との対応とつり合いを見ることです。

グループの転生を考慮し、家族、友人、仲間と得られた内容を分かち合い、確認してください。前世は、リーディングや夢や退行催眠ばかりではなく、家族、仲間、勘の鋭い人などから知らされたり、ヒントが与えられることもあります。また、自分の中の記憶と印象に心を向けながら、自分の前世同士の対応と転生の一連の流れ、テーマを見つけるのです。

② 夢

前世は、時間軸の中では遠い過去にありますが、存在論的には自分の奥深くにあるものです。それゆえ、遠い過去に思いを馳《は》せるばかりではなく、現在の自分を掘り下げることで、時間を超えて今現在自分の奥深くに前世があり、あるだけではなくそれが息づいて、自分に良くも悪くも影響を及ぼしていることに気づかせられます。

「良くも悪くも」というのは、善業《ぜんごう》・悪業《あくごう》ということですが、必ずしも善悪で分けられない部分もあります。影響に良い悪いのない、ただの現象としての事実の場合も多いからです。仏教ではこれを無記と言います。

そもそも「良い」とか「悪い」ということ自体が、自分の主観的な感情の好み、つまり「気に入るか気に入らないか」で「良い、悪い」を決めている場合があることに気づかなければなりません。本当の意味での善悪ではなく、自分の感情的な好みによって、それが善悪にすり替えられている場合もあることに気づくべきでしょう。

自分がその見方から解放されると、本当の善悪を洞察できるようになります。また、自分の感情に囚《とら》われなくなり、「すべて必要だから起きた事で、自分が引き起こした」と自覚され、現状を認識して受け入れられるようになります。受け入れた上で、現実に立って実際的に対応し、解決させ、改善していけるようになるのです。

自分の中の「良くも悪くも」というちの「悪くも」という中には、典型的なカルマがあります。自分の中のその部分が厄介者であり、自分の奥深い所に居座っていて、癒されないまま、悪さをしてくるのです。そして、なぜそうなってしまうのかよくわからないために、他者のせいにしたり、世の中のせいにしたり、偶然だと見なしたり、非合理だと思ってしまったりします。それもやはり、自分の課題や原因とすり替えられてしまっているのです。

生まれ変わりとカルマは、自分を基盤として過去のものを認め、受け止め直して、力強く主体的に生きることを教えてくれます。生まれ変わりとカルマがわかると、すべてに責任を持って、力強く主体的に、明るく健全に生きていける人間が確立するのです。しかも、その背後に霊的世界、そしていちばんの元に神様がおられることを認識し、謙虚で素直に、安心して生かされて生きていくようになります。単なる自力でも、単なる他力でもなく、両者が渾然一体の全力《ぜんりき》、一力《いちりき》になってきます。ONEです。

自分のカルマを自覚していない人ほどカルマに支配され、こだわりが大きく、そのカルマの通りの人生を再びたどって、被害者意識のまま前世のカルマを果たさずに、また前世と同じことをくりかえして終わってしまいます。

喩えれば、過去に受けたテストを見直さず、復習しなかったために、過去の間違いを何回でも新しいテストでくりかえしてしまうことに似ています。学習して習得せず、体験から学び取らないのです。

そこから脱却するために、前世を見ていくのです。現世の過去を反省することは当然にしても、それにとどまらず、現世の過去の背景や理由をなす、見えにくい遠い過去まで扱っていくのです。

そのためには、夜見る夢に着目するのがいちばん効果的です。夢は、誰でも自然に見ます。これは人間に与えられた最大の恩寵《おんちょう》です。また、生物学的に見ると、人間になる以前の生物の進化段階であった数千万年、さらに数億年にわたる生命の進化の長いプロセスの間に培われた生命の知恵です。

生きるために困らないように、数億年かけて作られた生存本能の役立つ知恵の一種が、人間には「夜、夢を見る」という形で組み込まれているのです。人が生命の進化段階の最後に出てきたとするならば、神にも通じる生きるためのありがたい知恵と手立てが、夢という形であっても不思議ではありません。

とするならば、それに目を向け、夜見る夢を放置せずに、有効活用していくことです。「何でも自然がいい」と言う人たちがいます。それには一理ありますが、「自然がよい」といっても、努力や意識をせずにただ生きていることが自然でよいとは言えません。やはり、意識して努力したり、頑張ったり、反省することも、人間がしなければならないことなのです。

眠っている間に夢を見るように神様が機会を授けてくださっていても、肝心の本人が夢に目を向け、夢のチャンスを生かそうとしなければ、そのままで終わってしまいます。このことから、「自然のままで生きていくのがいい。意図的に何かをしてまで頑張る必要はない」ということはおかしいことがわかります。

夢から与えられる恩恵は、たくさんあります。そのうちの一つに、夢によって自分の前世が明らかになるというものがあるのです。

夢に取り組む場合、短期間集中して夢に注目し、夢日記をつけるよりも、長い間にわたって無理なく、夢に着目しつつ生きていく方が高い効果が得られます。

たとえば、自分の前世を知るために毎日夢に注目して、就寝に際して自分の意識に「前世の夢を見て、覚えて起きられますように」と念じて眠りに入る。それを三ヶ月間徹底するよりも、期間限定ではなく、気長に生涯にわたって自分の夢を、眠る前に意識しながらも、力まずに眠りに入った方が、長い目で見て収穫が多くなります。

前世探求は、短期間で実りがある種類のことではありません。それほど虫のよいことは、前世探求ではないと思ってください。自分の人間としての願いやペースや都合があるでしょうが、前世が明かされ、判明することは奥深い部分に関わるので、神様や指導霊たちのご計画や、その人への意図があり、それに応じて少しずつ本人の前世探求も成果が上がってくるものなのです。

したがって、夢を通して前世が明らかになってくることは本当ですが、だからと言って期限を決めて、自分の深層意識や神様を急がすように挑んでも無理があり、長続きせず、成果は小さいもので終わります。あるいは、勘違いの前世を知って終わってしまうことにもなります。自分のペースがあっても、神様や霊的世界のペースや事情も考慮に入れて、気長に無理なく前世探求に取り組んでください。

前世やカルマというのは奥深い七つのチャクラやアーラヤ識の次元にあるため、霊的世界で管理されています。自分の意識的な努力や自分の意図があって取り組んでも構いませんが、前世が明かされるということは、単に自分が意識を開いたり、リラックスしたり、意識間のブロックが溶けて思い出しやすくなってすべてがわかるというほど単純ではありません。ある意味で神様の下《もと》、霊的世界でのご許可があった時、必要な限りの前世が明かされ、前世を知ることが許される性質があるのです。

そのため、自力で理性を駆使して合理的に取り組むだけでは限界があります。自分で意識して努力するにしても、相手があるということを知ること。しかもその相手は途方もなく大きな世界であり、うかがい知れぬものがあること。そのような厳かな気持ちを持って、霊的世界のご計画や意図を考慮しつつ、慎ましい心で取り組むのです。


もともと夢は、霊的世界との関連で起きる心理現象です。自分の意識やその背後の世界を焦らせず、毎晩眠る前に「今日はどんな夢を見せてくださるのだろう」とゆったりと思いを馳せて、目に見えない世界に心を向けて静かに眠りに入りましょう。あまり力んだり、意図しない方が、かえってうまくいきます。

また、これから見る夢に着目するばかりではなく、これまでの数十年間に見た主だった夢も思い出して検討してみましょう。これから見ていく夢だけではなく、これまでに見て印象に残った夢も今から書きとめ、検討に入るのです。また、日常の霊体験、不思議な体験にも着目し、記録していきましょう。

夢は、自己認識の一助として解釈されるためだけに見るものではありません。夢は生きものであり、心が込められています。夢を見た場合、「どんな意味だったのか」と考えるのはもちろん、そのような夢解釈だけに終始することなく、その時その夢を十分に体感し、消化することが大切です。すると、深層意識に溜まっていた否定的エネルギーが消費されて意識が浄化され、夢の本当の意図が遂げられていきます。

そうなれば、前世探求の進展も速く、意識が夢を見るごとにクレンジングされ、バランスが回復して健康になり、意識間のブロックも溶けていき、無理なく穏やかに夢を通して浄化作用や育成や癒しが起きてきます。それによって現世の悩みやトラウマがまず解けて、その奥にあるトラウマやカルマ、前世の課題などが浮かび上がってくるのです。現世の課題や悲しい体験だと思っていたものも、前世に由来や背景があることもわかってきたりします。

意識全体がクリアになり、開かれてくるのを主眼として夢に付き合い、夢を静かに受け止めて、通り抜けてみてください。そうすることで効果が上がり、気持ちよく眠り、必要であるなら霊的世界からの働きかけで前世の夢も見せられます。また、前世の夢を見たことにも気づけます。

その時は必ず、起きてすぐ書きとめておきましょう。それがジャーナルです。前世の探求、広くは過去・現在・未来、すべて含めた自分探しの旅においては、ノートを用意し、筆記し、記録をつけていくことが必要です。これにより着実に成果を積み上げていくことができます。堂々巡りで終わらず、客観的に観察し捉えられるようになり、気を楽に取り組んでいけるでしょう。

また、前世探求は、他の方法と複合的に取り組むと相乗効果が得られます。たとえば、夜眠る前にお祈りをしてから夢を見る、あるいは眠る前に瞑想をしてから夢を見る。すると、夢に祈りや瞑想が投影されてきます。前世は奥深い次元にあるばかりではなく、奥深い次元は霊的世界と対応しているため、この類いのことは、霊的世界を考慮に入れてこそ成果が上がる特徴があるのです。

また、ゴールは前世を知ることではありません。前世を癒し、浄化することで現世の自分が浮上していき、最終的には命の本源へと帰り着き、一つになる状態が実現することが目標です。それがわかると、前世を知ろうという所にだけ照準を合わせることなく、本源に己を委ね、本道を気持ちよく、導かれながら安心して歩んでいけるようになります。

夢は、奥深い意識で見ます。その中には潜在意識Bもあり、前世の体験の記憶やカルマも含まれています。前世のカルマの種類に応じて、人体の中ではどのチャクラに蓄積されているかが変わっています。

奥深い意識は、その種類別に七つのチャクラとして展開しています。潜在意識や超意識を扱いながら、七つのチャクラをも扱っていくことになっています。前世のどんな体験やどんなカルマだったのかに応じて、現在の自分の体のどのチャクラにその前世のカルマや記憶や課題があるかということが決まり、それが体のその部分の心理作用や、体のその部分の状態や具合を規定してもいるのです。

夢を観察し続け、ジャーナルに綴っていきましょう。イギリスの女流作家ジョーン・グラントのように前世の夢をすくい取れるかもしれません。特に前世に関する霊夢はその内容を瞑想し、追究していってください。

夢のポイントは三つあります。①どんな内容を見たか、体験したか。それによって、自己理解が進展する。②夢に意識を向けることは、思い出す訓練になる。それによって、潜在意識、超意識へのルートができる。魂を刺激し、覚醒を促す。③夢の内容を参考にして充実した生を送ることができるようになる。

前世を知る目的をはっきりと把握した上で、自分の夢にアプローチして、その中にしまわれている過去からの声に耳を傾けましょう。

③ 瞑想――タレント瞑想、フィーリング瞑想、人間関係瞑想、イマジネーション瞑想

自己分析や内省、内観などによって自分がよくわかってくると、自然に自分の現在の基盤となる前世も浮かび上がってきます。さらに、瞑想を行うことで自分の意識が開かれ、奥深い部分が目覚めて働きだすと、自己分析による自己認識や自己理解を超え、より具体的で正確に自分の前世が浮かんできて捉えられるようになります。

瞑想は、自分の意識を浄め、目覚めさせるために行われます。自分の前世を探求するためだけに行われるものではありません。それでも、前世探求の方法の一つとして瞑想は有効です。瞑想によって、あくまでも結果として自分の前世も認識されてくるということです。

本来瞑想とは、宇宙の根本神に思いを馳せ、心から深く根本神を思うことです。その際、根本神を太陽のような光としてイメージし、光を見続け、その光に自分を何回も投入させ、溶け込ませて、光に自分が融合、融和することで神人合一が得られる。その結果として超意識が覚醒してきます。霊的覚醒です。当然意識が浄められ、高まって、開かれてきます。それが潜在

意識Bの前世という魂の記憶をも浄め、浮かび上がらせるのです。これが、本来の瞑想に基づく前世自覚です。

瞑想し、リラックスして無心になっている時に、直感が働き、波長が合うと前世も出てきます。アジナーチャクラの覚醒法としては、眉間に光をイメージし、光のプラーナをアジナーの所で吸ったり吐いたりすることを行うのです。

前世探求では、自分の実感、セルフイメージに注目し、自分の素地、人柄に同調し、リラックスし、意識を開き、解放させ、浮かばせること。記憶の扉を開き、湧き立たせ、思い出すようにします。イメージと思いが湧いてきたら、前世回想が始まります。

現在の時空を超え、意識を広げていき、別の時代、別の場所、別のあり方の自分を探り、体験しましょう。今とは異なった自分を想像できますか。前世の自分を思い出す感じで想像してみるのです。また、自分とその周りは前世の反映ですので、改めてよく観察し、その背景をなしているであろう前世を感じてみることです。

一方、もう少し実際的、具体的な、方便としての瞑想の方法がいくつかあります。タレント瞑想、フィーリング瞑想、人間関係瞑想、イマジネーション瞑想の四つです。これらは、前世を自分で認識するために、瞑想を応用した手法です。

タレント瞑想とは、自分の才能、スキル、興味などに焦点を当てて、その由来を探っていく方法です。

自己分析の作業の中で、自分の才能や能力、適性、独自性、興味、趣味などもつかめたら、タレント瞑想を行いましょう。事実として今現在の自分の中にそのような才能や興味があったら、「では、なぜそのような才能や知識や理解、興味があるのか」「どのようにして、その才能が今の自分の中にやってきたのか」ということについて考えることです。

気づいてみたら、自分の中にすでにある知識や理解があった。独自の才能や、行う能力があった。現にそれが、自分の中にあるわけです。趣味や仕事で行えていて、それで成り立たせていただいていることなどです。仕事で生かされているものでも、趣味として興味を持っていたり、何かを集めていたり、現にそのようになっている自分がどのようにして作られたのか、そのことを瞑想します。以前どこでその才能を育成し活用したのか、才能の起源を思います。

リラックスして、自分の持てる興味や独自の才能に焦点を当てて静かに思っていると、なぜそのことに興味を持ってできるようになったのか、その経緯や背景が次第に見えてきます。まずは五年前、一〇年前の現世でのきっかけや理由が思い出されてきます。

自分の願いや、ある種の動機もあったことでしょう。あるいは家柄や先輩、あるいは先生との出会いがあったかもしれません。自分の父親がそのことをよくできていたので、自分もおのずと行うようになって、自分もできるようになったのかもしれません。ある人は、その方面の師匠との出会いがあって、目に留まり、行ってみると人一倍よくできた。そのようなきっかけや経緯、あるいは自分の内面のその時の思いなどを改めて確認しましょう。

その上で、そこにとどまらず、「では、なぜそのような出会いがあったのか」「なぜ、そのような父親のもとに、息子や娘として自分が生を受けたのか」と推測します。想像力を働かせます。そしてさらに意識を開き、リラックスし、呼吸を整え、自然体になって遠く思いを馳せます。

一度で成功するとは限りません。何回でもこのタレント瞑想を行い、自分の今ある独自の才能や興味、あるいは行っている趣味の由来や背景を思い続けましょう。

何度もこのエクササイズを行ううちに、前世の時の由来やきっかけがぼんやりと浮かんできます。それが浮かんできたら、そこに意識を置き、さらにリラックスして集中し、待ちます。意識を開き、浮かび上がらせます。それによって次第にクリアになり、前世で培ったその才能の有り様が明らかになってきます。

変わった才能や興味は、自分の前世の徴《しるし》の場合が多いのです。特に、親きょうだいができないのに家族で自分だけができるとか、自分だけが興味を持って行っていることは、自分独自の前世を表す場合が多いのです。遺伝では説明できないからです。突然変異、隔世遺伝などで説明することもできる場合がありますが、それでも「なぜそのような突然変異が起きたのか」までの説明にはなりません。やはり、自分独自の生まれ変わりのルーツによるものだと見た方が自然でしょう。

自分の際立った部分、そして特殊性。そのプラスの部分が、才能や興味、ある物事に関する知識や理解なのです。なぜかそのことがわかってしまう、そのことに対する理解がある。現世だけの体験や学習では、説明できない部分です。あるいは、現世で学びトレーニングを受けたことはあるけれども、急速に進展し、熟達が速かったり、ほかのこととは違って、それに関しては慣れた感じでなじみもあり、習得が速かったことなどです。

そのようなことを取り上げ、そのことについて考えるのがタレント瞑想です。できるだけ自分の中の変わった部分や突出した部分を題材に取り上げ、それについて瞑想するのです。また、自分にフィットし、好みの食べ物、服装、髪型、装飾品などについても瞑想してみましょう。

このようにタレント瞑想とは、自分の持てる才能、スキル、理解、知識、特質、興味、趣味などについて静かに考えることです。それらに心を置いてじっくり考えてみることで、それらの由来、基盤、目的、神との関係が浮かび上がってきます。

フィーリング瞑想は、タレント瞑想とは対照的に、ネガティブなものに焦点を当てます。自分の実感、感覚に聞いてみる方法です。

自分の現世からだけでは説明しがたい、ある物事に関する恐怖、嫌悪感、痛み、トラウマ、心配、イメージ、苦手なこと、カルマ、課題、過失。また、いやな思いをしたこと、あるいは身体の特徴や徴。現代の医学では説明できない症状、病気や体の不調、悲しくつらい出来事や体験、変わった習慣や習性など、自分自身や自分のこれまでの数十年の半生涯の中でネガティブな徴となっているもの。心理的な症状でも体の徴でも、体験や出来事でも、自分の中で気になることに目を止め、まずは現世の中でのその原因や発端を見ていきます。

さらに、現世を超えて、前世にその奥深い原因や経緯があるかどうか、思いを馳せて見ていくのがフィーリング瞑想です。

恐怖の対象は、水、火、ヘビ、ネズミ、カエル、バッタ、ガ、高い所、閉所、暗い所、男性など、人によってさまざまでしょう。水が怖い人もいれば、ヘビが怖い人もいます。ライオンが怖い人もいれば、男性が怖い人もいます。男性に言いしれない恐怖を感じる。男性に嫌悪感をいだく。誰でもライオンは怖いけれども、自分は人一倍ライオンが怖い。自分は閉所恐怖症である。エレベーターに乗れない。できれば車の中も避けたい。飛行機に乗ってブーンという音が鳴り始めると平静ではいられない。

そのように、自分の中で非合理な恐怖や悲しみや嫌悪感をいだくことに焦点を当てて瞑想しましょう。

「なぜか自分の夫は早くに病気で亡くなり、その後長く一人で生きていかなければならないように思えて仕方がない。夫は健康で、自分にも優しくしてくれるのに、なぜか夫が早く亡くなるように思えてしまう。そのような漠然とした夫婦関係の不安を、自分はなぜ抱くのだろう」「自分にはあざがある。腰の右の位置に、大きなあざが生まれた時からある。このあざが気になっている」そう感じたことを瞑想します。

あるいは人によって、生まれた時から先天的に片肺がない。肺の半分で生きてきている。「なぜ自分は肺が半分しかなくて、このような体で生まれてきたのだろう」「自分は生まれた時から左右の脚の長さが同じではない。なぜ左脚が短いのだろう。バランスを取って歩きにくい。なぜ左脚が短くて、まっすぐ普通に歩けないのだろう」というようにです。それは、体の徴です。また、人生体験の中で、悲しくつらい出来事を味わった。現世の中で、そのように出来事として徴がやってきた。

以上のいくつか挙げた例のように、自分のネガティブな部分の特殊性を取り上げ、それが現世で、いつからどのようにして始まったのか。なぜそのようなことが生じたのか。それをまず、現世の中で改めて見ていきます。さらにそこで諦《あきら》めずに、リラックスし、自分に正直になり、素直な心で、前世にその原因や理由があるかどうか、心を鎮め、洞察していきます。

たとえば水が怖い人なら、特にどういう状況での水が怖いのか。プールの水なのか、川の水なのか、海の水なのか。ひょっとしたら、水道の蛇口から出てくる水でさえ怖いかもしれません。吹き出てくる水が怖いのか、海の深々《ふかぶか》とした途方もない感じが、吸い込まれそうで怖いのか。船に乗った時に怖いのか、それとも砂浜、浜辺で海を眺めることができないのか。恋人と小さなボートに乗っているのが怖いのか。転覆しそうだと思うからなのか。そもそも自分は泳げるのか、泳げないのか。泳げないとしたら、なぜ泳げないのか。親きょうだいは泳げるのか。自分は最初から泳げないのか。泳ごうとせずに泳げないのか、それとも泳げたけれども溺《おぼ》れかけてそれ以降泳ぐことを諦めたのか。

そのように、水が怖いということを、漠然と済まさずに追究していきます。そして、そのことを瞑想します。瞑想している中で、自分の内面的な反応をうかがいます。そのことに焦点を当てて瞑想をしていると、どんな反応が自分の中に出てくるのか、それを調べます。

そして、ほかのセッションの場合と同様、終わったら必ず忘れないうちに書きとめます。いわゆるジャーナルです。気づきや体験の事実を、覚書のように書きとめていきましょう。そしてまた翌日、そのセッションに挑みます。

もちろん中には、現世だけに理由やきっかけがあったことも多いことでしょう。そのようなものは根が浅いので説明ができ、治すことも比較的容易にできます。

しかし、現世の経過や出来事だけでは説明しがたく、原因が不可解で、なかなか治せないものは前世にその根を張っている場合があります。すべて前世から説明する必要はありませんが、それでも、多くのことが前世に関わっている場合が多いのです。

また、前世の体験がそのまま現世に出てきているものばかりではない、転移ということもあります。

たとえば現世で水が怖い人が、前世で溺死《できし》をしていたり、水に飛び込んで自殺したとは限りません。水難がそのまま水の恐怖となって出てくる人もいますが、前世で水に象徴されるようなことで悲しい思いがあると、現世ではそれを思い出させる水を避けたいと思うようになります。

同様に、高所恐怖症だから、前世で高い所から転がり落ちて亡くなったとは限りません。人によっては、高いポジションに就いていた時、人に足元をすくわれ、地位を失ったことが現世では高所恐怖症として象徴的に出ていることもあります。

また、前世で、高い所から落ちて大けがをしていたり、場合によっては死んでしまうのではないかという恐れをいだいて生きていたけれど、現実にそのことは起きなかった。しかし、その心配があまりにも強かったため、生まれ変わった今でもその強迫観念に囚《とら》われ、高い所が怖く、「落ちるのではないか、落ちるのではないか」と心配する人もいます。

しかし人によっては、高所恐怖症は単なる自分の気質や性格の一部であり、具体的に前世でそれに対応する出来事があったとは限りません。単なるそのような性格の特徴の場合もあります。それでも一度、前世にカルマ的な原因がないかどうか、探る必要はありそうです。


このようにフィーリング瞑想によって、自分の身体に出ている徴や、悲しい体験や、恐怖や嫌悪を覚えることを題材に取り上げ、それについて思った時にどういう反応が自分の中に出るか、また、どういうイメージとそのことが結びついているか。たとえば男性が怖いとしたら、男性を思った時どういうイメージが湧くか、どういう男性が特に怖いのか。そしてそこで推測も働かせると、「前世で、こういう事が男性との間であったのかもしれない」と想定されます。これは、一種の仮説です。

そして、それが真実なのかをさらに追究し、見ていきます。もしかしたら、夢の中でそれに関わる前世体験が再現し、夢によって明らかにされるかもしれません。あるいは、能力者からリーディングを受けて、そのことを質問し、教えてもらえるかもしれません。とにかくそれを一つのテーマや課題としてそれ以降生きていると、何らかの形でその原因や理由が知らされます。

男性との間に恐怖があり、「こうであろう」という推測をしていても、それが自分の推測違いである場合は、「そうではありませんよ。真実はこうなのですよ」ということが何らかの形で知らされてきます。真面目に、自分に正直に前世探求に取り組んでいると、自分の推測や仮説が間違っている場合、神のお導きが働き、真実が知らされる時が来るので、それまでは「こうかもしれない」というものを書きとめておいて、探求を続けることです。

そして、真実が明らかになってきてカタルシスが生じ、トラウマが解けた時、それに対する恐怖がまるでうそのように消えていくでしょう。

前世療法は、このようなことを多く行います。しかし、前世療法で起きていることは、瞑想や祈りによって少しずつ少しずつ浄化されるというプロセスをたどる方が本来の霊的浄化の方法なのです。

さらに言えば、人生の中で超作によって現実に対処していると、神が身辺に起こしてくださるいろいろな事に誠実に対応する中で徐々に徐々にトラウマが解けていき、それに応じて自分の内面も浄化される。それが本道です。そういう中で一つの前世のカルマが果たされた時、成長を遂げており、それを乗り越えた時にそのカルマに対応する前世が判明してくるのです。

現実の生き方やそこから生まれてくる現状と、カルマが解けることや前世が明らかになってくることは別ではありません。前世だけを探求していても、観念論に陥り、現実とのつながりが少ないため実りが少なく、前世だと思ってもそれは幻想であったりします。

本当の前世は、現実への取り組みの中で、バランスよく徐々に明らかになってきます。その方が、明らかになった前世も現実に活用していけるのです。

フィーリング瞑想によって前世の根因が明らかになった場合は、カタルシスが起き、自分に深い気づきと安堵《あんど》感がやってきて、その恐怖や嫌悪感から解放されるのが特徴です。文字通り前世の真相ではなくても、それに近い形で把握した場合でも、ある程度の気づきや癒しが伴います。

フィーリング瞑想は、カルマ的な傾向と出来事に意識を置き、その前世を推察する手法です。恐怖、嫌悪感、悲しみ、心配などの感情の反応こそ、前世を思い出し、気づきを与え、カルマを解消しようとしている動きなのです。そこに焦点を当てて瞑想することで、前世の真相に至りやすくなります。人は自分や身内の生存に関わる生命の危機が最も深く印象に残るため、それは前世の記憶として残り、前世探求を始めるとそれが最初に出てきやすいのです。前世のときの生命の高揚感なども思い出しやすいものの一つです。

人間関係瞑想とは、自分は人とどんな関係を持っているのかに焦点を当て、自分の人間関係の特徴や傾向を瞑想の題材として取り上げることです。それは自分自体ではありませんが、他者との関わりにおける自分ではあります。そしてそこに、自分の傾向や特徴や課題、あるいは良さが現れ出てきます。

自分の家族や縁を感じる人、また、現世で深く関わりを持ち、重大な事が互いの関わりで体験された場合など、人間関係における自分の課題や特徴に焦点を当てて瞑想し、現世を踏まえ、さらには現世を超えて、前世での人間関係のカルマや課題や学びのテーマを追究していきましょう。

本当の前世なのか、それともただの思い込みなのかの見分けるポイントの一つは、自分の性格の特徴や能力だけの対応ではなく、周りの人間関係も対応していることがあるかどうかです。「自分の前世は、こういう人だったろう」と、人によっては、具体的にその前世の人物さえ特定できる場合があります。しかし、自分だけがその前世に対応しているだけで、その周りの人間関係まで現世に対応人物が見られない場合は、本当の前世ではない場合が多いのです。本当の前世の場合は、本人ばかりではなく周りの人間関係も似通っていて、その何割かは現世にも共に生まれ変わっています。

人は、周りから浮いた存在ではありません。たいていは集団で転生するため、本当の前世であるならば、自分が前世の人物に対応するばかりではなく、自分の配偶者であったり、親であったり、子どもであったり、先生であったり、縁のある友人や仲間などまで対応し、そのうちの何人かは同一実体の生まれ変わりそのものになっているのです。そして、互いの関係性も、当時の課題や良さの特徴が今でも互いの関係に出ていたり、互いの性格や容姿容貌、仕事などまで当時のものと対応していたりします。

それゆえ、自分だけの探求で終わらずに、その周囲も、縁という観点から、仕事との縁、人との縁、土地との縁などから探っていくことで、自分をより大きく立体的に捉えられ、本当の前世が浮き彫りにされます。

たとえば性格の特徴だけなら、似ている人は世界に大勢います。仕事や人生で体験すること、あるいは容姿容貌などだけが似ている人も、世界中に大勢いるでしょう。しかしそれにとどまらず、人間関係も類似していたり、実体まで具体的に対応して現世での体験と重なっていたり、土地という生きる舞台も重なり合っていたとしたら、どうでしょうか。それはかなり、本当の前世である可能性が高くなります。

したがって、性格が似ている、生き方や仕事が似ている、あるいは風貌《ふうぼう》がちょっと似ている。それだけで自分の前世だと思うと、違う場合が多いのです。人間の程度や課題、体験、テーマ、人間関係なども併せて見ていきましょう。

人生において、現世でも前世でも人間関係は重要です。したがって、生まれ変わってくる場合も、自分が持つ人間関係は似通ってきます。さらに、具体的に前世の縁ある人物が現世でも自分の周囲に生まれ変わってきていたりもします。

人間関係瞑想では、特に自分が気になったり、縁を感じたり、相手に対して課題を感じたりする人を取り上げ、瞑想します。

たとえば、自分の配偶者である夫や妻を瞑想してみましょう。まず、現世でのその人との出会いや出会いのきっかけ、これまで関わってきたその内容と経緯が思い浮かびます。また、知っていたつもりでも、奥深い事情や理由を瞑想し振り返る中で、改めて気づくことも起きてきます。彼、あるいは彼女とはこういう経緯や事情で一緒になったと何となく簡単に捉えていたことに対して、もう少し奥深い事情や、自分の気持ちや相手の気持ちの動きがあったと気づくことができます。

さらにその人のことを瞑想していると、前世で出会っていたか、出会っていたとしたらどういう関係だったのか、あるいは現世で初めての出会いだったか、そのようなことも次第に思い浮かんできたり、イメージされてきます。相手を思うと、まず最初は感情的な部分で、怖いとか、うれしいとか、孤独であるとか、心が温まるとか、そのような漠然とした感じが浮かんできます。そのうちイメージが浮かんだり、メッセージが言葉となって、相手との関係上の示唆が浮かんだりします。さらに具体的に、前世での出来事や関係性も出てきます。

しかし一方で、ある気になる人のことを思い、瞑想に取り上げてみても、実はその人とは現世では初めての関わりであって、気になるのは、その人と似たような感じの人と前世で何かあったということもありえます。自分がある種のタイプの人とうまくいかないものを残したままでいると、同一実体と再会して関わっているのではなくても、自分が似たようなイメージをいだく相手を引き寄せ、別の実体と関わることが起こります。

これは、人間関係だけではなく、土地にも当てはまります。同じ土地に生まれ変わらなくても、自分の主観的な思いの中で似たような所に転生し、土地的な縁が生じるということです。たとえば前世でイタリアのアッシジに住んでいたとします。そこがとても心地よいと思った場合、次も再びアッシジに生まれ変わって土地との関わりができるか、その代わりに、集団転生の方向として日本に生まれ変わり、アッシジと似たような日本の景観や地場の土地に親しみを覚え、そこで生きていくこともあります。

縁を感じる人に対して、前世でのその人との関係を瞑想し、前世ではどういう関係だったかを連想してみましょう。今は夫婦でも、前世では親子だったかもしれません。これは役割反転と言います。現在の師匠は前世でも師匠だったかもしれないし、前世では師弟関係が今とは逆だったかもしれません。あるいは、前世では別の似たタイプの実体が師匠だったかもしれません。

そのような中で、縁のあるソウルメイトやツインソウルも見出せることがあります。人によっては、瞑想しているうちに瞑想や夢の中にはっきりとある人物が登場し、それから三ヶ月後に、夢に現れてきた人物がまるで予告されたかのように現実に現れて、その人がソウルメイトであり、こうして結ばれることもあります。

このように人間関係瞑想では、縁に着目し、身近な人や気になる人との関係と対応から前世を連想していきます。今とは異なった関係を想像できるのか、試してみるのです。それは現在の関係を理解し、改善し、活用することになるはずです。

最後のイマジネーション瞑想とは、歴史上の、自分が惹かれる時代や場所を取り上げ、それを瞑想することとです。直感が必要な方法です。

いつもとは限りませんが、多くの場合、前世でも自分が惹かれる時代や場所に生きていました。歴史上で惹かれる時代や場所、あるいは文化を取り上げ、瞑想し、前世を探りましょう。

そこで自分の前世が思い浮かぶかどうか試してみます。

また、歴史上の人物で気になる人を取り上げましょう。「ベートーヴェンが気になってきている」「織田信長に、他人事ではないものを感じる」という場合に、単に時代や場所だけではなく、歴史上のその人物を瞑想するのです。

自分がベートーヴェンや織田信長や卑弥呼であった可能性はほとんどないにしても、もしかしたら、その歴史上の人物と前世で関わっていたかもしれません。私の場合も、ダビデやキリストやゲーテにずっと親しみを感じていたのですが、前世探求に取り組むうちに、彼らとそれぞれ関係していたことが判明してきました。卑弥呼の時代に卑弥呼自身とは関わらなくても、その数百年後の日本の時代に生き、歴史上の卑弥呼のことを聞いて、その影響で働いていたことがあったりもします。そのように、歴史上の人物も大きなキーワードになります。

その一方で歴史上の人物に限らず、どんな人に最も興味を覚えるか。どんな生き方や階級や理念に惹かれるか、あるいは嫌悪感をいだくか。そういうことも探ってみましょう。

また、歴史上の事件や出来事も題材にして回想しましょう。「桶狭間の戦いが気になる。他人事ではないと子どもの時から思っている」「ベスビオ火山の噴火が、まざまざと思い浮かぶ」。そのような場合は、それを瞑想しましょう。

多くの場合、想像から真実の前世に行き着くものです。ためらわずに想像から入り、本当の前世に導かれるようにエクササイズをくりかえしましょう。日々お祈りしながら真摯に取り組んでいれば、想像から始まって本当の前世に行き着くことができます。それがイマジネーション瞑想です。

歴史上で惹かれる時代、場所、文化、人物、また現世において実際に縁のある歴史上の事柄（時代、場所、文化、人物）に目を向け、自分の前世との対応、関連性を探ります。すると、想像から事実へと導かれていきます。過去の印象に精神を集中させていれば、前世もわかってくるでしょう。

④ 前世退行、自己催眠、ファーメモリー法、アカシック・レコードのセルフリーディング

前世は多くの場合、退行によって捉えられてきます。前世退行です。なぜなら、前世の記憶は無意識の中にあるからです。退行というと、催眠が思い浮かびます。確かに、時代をさかのぼることを意識上で行う手法として、催眠はよく使われますし、前世療法もその一種です。他者からかけてもらう催眠ばかりではなく、自己催眠もあります。自分で誘導テープを作っ

てそれを流し、自己催眠に入ることも有効です。リラックスして自分の体を忘れられれば、かなり深い意識に到達でき、前世に出会うことが可能です。前世の自分に戻れるのです。

前世の痕跡は深層意識にあります。それは、仏教ではマナ識からアーラヤ識にほぼ相当し、ヨーガでは七つのチャクラに分けてそれらを確認しています。この記憶は瞑想、夢、催眠、デジャ・ヴュなどによって取り出すことができます。

土地への感覚、デジャ・ヴュばかりではなく、自分が子どもの頃の印象を思い出すことも役立ちます。将来への夢、興味、よくできたこと、何かを感じることのあった場所や国や事柄です。

ファーメモリー法とは、時間をできるだけさかのぼる方法です。退行の一種ですが、まずは昨日《さくじつ》を思い出します。しかもできるだけ克明に。それができたら、三日前を思い出してみます。あたかも三日前に戻ってしまったかのように、細部まで三日前を思い出して体感してみます。さらに一週間前まで。一年前までさかのぼり、一〇年前、三〇年前、そして幼少期までさかのぼってみましょう。

幼少期のいつまでさかのぼれるでしょうか。四歳までだと諦めていても、三歳、二歳の時も思い出し始め、さらには生まれる瞬間、そして母胎にいた時、霊界にいた時まで思い出します。さらにリラックスして自然体で、霊界、そして前世までさかのぼれるか試します。

このように、限りなく時間をさかのぼって超記憶を取り出し、再現することをくりかえすのがファーメモリー法です。前世という魂の記憶を思い出すために、記憶を刺激する手法です。目を開けてソファーなどにゆったりと身を沈ませ、楽しく思い浮かべ、連想を働かせることもよいかもしれません。

一方、「この自分は神様に創っていただいてから、どのような経緯を経て、今ここにこうしているのだろう」と思案し、魂の起源から転生を大局的に探ることもできます。

アカシック・レコードのセルフリーディングは、自分の名前と生年月日をまぶたの裏にイメージとして焼きつけ、そこに同調しながらアカシック・レコードへと引き寄せられていく方法です。自分の生命の書を指導霊から渡され、その生命の書に同調しているうちにさまざまなイメージが湧いてきます。もっと高度になると、イメージはより具体化し、クリアで正確になってきます。自分で自分のリーディングを取ることにも挑んでみましょう。

自分の写真を見て同調し、名前をマントラのように唱えてレコードにアクセスします。ホール・オブ・レコードに到着したら、指導霊が現れて教えてくださることもあれば、自分で読むか、おのずとわかることもあります。

空海の虚空蔵菩薩求聞持法《ぐもんじ》も、アカシック・レコードのリーディングに通じるものです。虚空蔵とは、アーカーシャの宇宙空間にある記録の貯蔵庫だからです。一種の記憶再現法なのです。ヨハネによる福音書には、「私（イエス）は天にまもなく還る。そして天からあなた方の所へ聖霊を送る。その働きで必要なことは何でも思い出させてあげましょう」と記されています。

他の方法としては、たとえばタイムカプセルに入る所をイメージし、それをできるだけありありと思い描いて、体感も伴うようにします。人によっては、タイムカプセルの代わりにタイムマシンを使うとぴったりするかもしれません。タイムトンネルをくぐり抜けていくことも可能です。

あるいは、地上高く数千メートル引き上げられ、上空に浮かび上がり、しばらく天界にとどまっている間に地球上の時の流れが変わり、霞《かすみ》の中をゆっくり降下してくると、そこは昔の日本、あるいは外国であるかもしれません。そこに自分がいたり、前世の自分になりきったりします。浦島太郎とは逆に、過去へ行ってしまうのです。

階段を下りていくと部屋があり、その部屋にはいくつものドアがあって、どのドアを開けるかによって、どの自分の前世に行くかが決まっていることもあります。そして、自分で「これだ」と思ったドアを開けて入ると、そこには自分の一つの前世が広がっています。

漠然と自分が後方に引っ張られ、飛んでいって着いた所がある前世だったという方法もあります。エレベーターに乗って移動するイメージもあります。また、「西暦何年頃の何時代」と定めて、そこに意識を置くことも可能です。

どんな方法であっても、自分のイメージに合わせ、要は時間をさかのぼり、前世にたどりつくことをイメージすればよいのです。

⑤　能力者からリーディングを受ける

宗教や精神世界の本を読んだり、人から話を聞いたりして生まれ変わりと前世があることを知り、自分でも前世はあるだろうと思っても、一般の人たちが自分の前世をすぐわかるかというと、それは、正直困難です。

いろいろな方法はあるにしても、やはり自力で自分の前世を解明していくことは至難の業です。ある程度までなら自分で把握ができ、漠然と「自分はこういう前世を経てきた人間だろう」という程度までは捉えられます。しかし、それ以上となると、ごく一部の人に限られてくるのが実態です。

能力者からリーディングなどを受けると、自分の探求だけではとても知りえないことを捉え、告げてくることがしばしばあります。これによって、自己探求がカバーされ、驚くほど進展し、次の段階に至れることがあるのです。神はあなたの祈りに対し、縁のある相応しい能力者を使って、あなたの祈りに応え、前世を開示されます。

どんな分野にも、エキスパートと素人とがいます。エキスパートの人は、その方面の勉強やトレーニングを積み、先天的にもその資質と役目があり、その分野に献身しています。

法律関係であれば、たとえば弁護士、体の病気のことなら医師や看護師やヒーラーです。そのほか、どの分野においても、専門家と素人とは知識、技術、適性、能力、役目、立場、献身の度合いなどの点で明らかに隔たりがあります。

法律に精通している弁護士でも、体のことや霊的なことには素人です。世の中の優れた人でも、前世のことになると難しいのです。霊的なことは、霊的なことに資質と役目があり、その分野に長く献身して学び、修行してきた人にはかないません。

「生まれ変わりや前世がある」と思えて、自分の前世を具体的に知りたくなった場合、本書や類書に紹介されている方法で探ることはできますが、独力で完全にわかるということは、実際困難です。

一般の人たちが前世を知りたい場合、特に初期から中期にかけての前世探求では、前世が見えてつかめるエキスパートである能力者の助けを借り、代行で読んでいただき、告げていただくのが早道であり、参考になります。これはかつての私自身の場合も同じでした。

どんなことでも、謙虚にエキスパートに相談し、力を借りることが主体的で上手な生き方です。「自分のことぐらいは自分でわかるし、自分でやりたい」というのは正論のようですが、必ずしもそうではありません。世の中には、普通の人たちがわからないことがわかったり、見えたり、キャッチできる人たちがいるのです。かなり特殊な分野である生まれ変わりや前世や霊界のことは、単に探求したり勉強したりするだけではわからないことがあるのです。

素直にリーディングやそれに類する手法の助けを頂いて、それを基に自分でも探求していくのが実際的で、確実な道です。他力と自力を併用していきましょう。


世の中には、リーディングやチャネリングや霊視をする人たちが大勢います。タイプやルーツ、やり方もさまざまです。一般には、「より能力が高く、正確な人から受けるべきだ」といいます。もちろんそうでしょうし、今話題になっている著名なスピリチュアル・カウンセラーや霊能者からと願う人も多いでしょう。

しかし、一般に気づかれていないことがあります。それは縁と要請ということです。必ずしも能力の高さや正確度合いや知名度や前評判が重要ではありません。普段はあまり正確に読めなかったり、評判がそれほど良くなくても、「自分の前世に限っては、この者が自分に告げることになっている。霊界でそのように、神様や指導霊に定められている」ということがあるのです。天のお計らいです。その場合、その能力者はこちらの前世を読む時に限って冴《さ》えていて、図星のことが降りてきます。

確かに、能力の高い人は、かなりの高い割合でコンスタントに正確に伝えてくることができるでしょう。しかし、誰でも万能ではなく、得手不得手や縁や役目というものがあり、神様がそれを元にうまく割り振られます。多くのことで正確であることが検証されたから、すべてにおいて正確とは言えませんし、いくつかの点でミスがあったからといって、残りの全部も間違いで価値がないとも言えないのです。

それは、カルマを果たす場合でも同じことが言えます。一般に言われている良い事をするからカルマが果たされ、善業が積めるとは限りません。今目の前にある事を行うことで自分のカルマが果たされ、今ある職を通して社会の役に立ち、自分も家族も成り立たせていただけるのです。

誰からリーディングや霊視を受けるかという選別は、能力者を外に存在するものとして客観的に判定して選ぶよりも、縁や状況、また自分の実感で見た方が、結局は大きな結果が得られます。現実は神様がそのように動かされ、導かれるからです。

周りの人の流れに乗って、素直にそれに従い、そこで受けた方が自分のためになるのです。また、神様が縁のある人との関わりで互いのカルマを解消させ、教えたり教えられたりする営みの中でお互いの気づきが得られ、カルマも解けて、使命に向かっていけるようになります。能力者は単に告げる人ではなく、それによってかつて縁のある人をサポートしたり、互いのカルマを果たしたり、使命に備えさせたりすることを、神のご助力で行うようにされているのです。

能力者も人間であることに変わりはありません。それは、弁護士でも医師でも万能ではなく、欠点や癖や落ち度があるのと同じです。それでも弁護士や医師に役目や良さがあるのと同様、霊的な能力者にも、落ち度や欠点があっても、他に与えられるものや真実をつかんでいる部分があるのです。

確かに、能力者によって程度の差はあります。しかしその比較は相対的であり、大半の能力者はある程度は読んできます。それが二〇%の人も八五%の人もいますが、〇%の人や一〇〇%の人はいません。「どの程度の正確さか」だけで受ける相手を選ぶよりも、縁やその場の生きた状勢を見て、自分の責任で感覚を働かせて決めればよいのです。リーディングを受ける場合、受ける時期、リーダーとの縁、リーダーの能力とタイプなどを考慮しましょう。

リーディングや霊視は、〇%という荒唐無稽《こうとうむけい》ででたらめなものではありません。一〇〇%ではなくても、能力者は確かに何かをキャッチでき、完全に正しい前世を捉えられない場合でも、本当の前世に近い描写をします。あるいは、文字通り正しくはなくても、象徴的に読んで描写してきます。

それはちょうど、人間が夢を見る場合と似ています。正夢ばかりではなく雑夢も見ますが、雑夢が全く無意味で価値がないかというとそうではなく、雑夢を見ることでカルマが解消されることもあり、雑夢の中にも玉石混淆《ぎょくせきこんこう》のように真実が隠され、象徴的に解釈すれば正しいこともあります。やはりある程度は捉えて、読んでいるのです。

このことがわかれば安心して受けられ、過剰な期待もせず、主体的にリーディングや霊視を上手に活用できるでしょう。医師や弁護士に一〇〇%を期待するのがおかしいように、霊的な世界の宗教者や霊能者にも過剰な期待をかけず、その者もその働きを通してカルマを果たし、成長を遂げつつあるプロセスだとわかれば、より良い関わりを築くことができます。

どんなことでも主体的に取り組むと、自分次第でそれらの情報から多くを得られるように、能力者の力を借りる時も同様です。付き合い方次第です。そして、世の中にあるものは存分に活用しましょう。前世探求においても、確かなリーディングを手がかりにするのです。また、周りの人たちにも「私の前世はどんなものだと思う?」と訊いてみましょう。

前世探求に踏み込んだばかりの人が、どのように自分の前世を探ってよいか見当がつかない状況に置かれている場合、まずリーディングや霊視などを受けるとおおよその目星がつきます。自分の前世やルーツが大まかながら告げられます。そして、それを基に自分で探求したり、確かめたりしていくのです。そしてまた、自分がある程度進展した所で受けます。それが上手な活用法や付き合い方です。

稀《まれ》に独力だけで本当の前世に到達できる人もいますが、そのような人はその人自身が霊能者か、ある程度覚醒している人です。あるいは、余程、特定の前世を知る必要があるか、ある前世が強く動いている人でしょう。催眠をかけられたエドガー・ケイシーが、それをきっかけに覚醒した状態に似ています。それ以外の人は、催眠状態に置かれてもあまり思い出せません。

催眠をかけられて思い出す場合でも、術者の腕だけでうまくいったのか失敗だったのかを説明する人が多すぎます。もちろん術者の腕にもよりますが、見落としてはいけないのは、被験者であるクライアント自身の準備の出来具合や覚醒の度合いによって、退行催眠を受けた時にどの程度思い出せ、それが正確であるかが決まるということです。

リーディングや霊視の場合も、似たようなことがあります。読み取って告げてくる者の腕や能力ばかりではなく、受ける側の準備の出来具合や、前世を知る必要性や動機などによって、能力者も左右されることが起きるのです。自分が準備して良い動機で臨めば、おのずと縁のある能力者に出会えたり、あるいは能力者が非常に冴えて、正確に読めて教えてくださったりということが起きます。

どんなことでも体験することは自分次第であるなら、表面的には能力者次第で受け身的に教えられるように見えることでも、自分が体験し、自分に関する事柄である以上、それはやはり自分次第なのです。自分の態勢を整えて、良い目的で臨めるように準備しましょう。そうすれば得られるものは多く、自分だけで頑張って取り組むだけでは得られないものがやってきます。

自分で取り組みながらも、自分以外の所から思わず知らされる部分が多くあります。それは一般の勉強も同様です。独学だけでは限度があることは当然で、それを主体的とは言いません。家庭教師に就いて学んだり、ある技に関してならばコーチやトレーナーに就いて訓練されたりしてこそ、我流ではなく本当のものを会得できるのです。私もリーディングの資質はもともとありましたが、ある期間、生きた師匠に就きました。

霊的な方面でも師匠や指導者に就いて習えば向上し、熟達が速く、癖にも気づいて正されていきやすいように、リーディングなどによって外から教えられることで自分の隠れた癖や傾向に気づかせられて、自分ではわかりえない前世を他から伝えられることは多いのです。

また、どうしても前世を知りたい人や、知る必要のある人には、おのずと現実にそれを知らせる人が出現し、目の前に現れるものです。用意ができた時、それを与えてくださる人が現れる。それが法則だからです。

その観点で見れば、近代に至って機が熟し、前世を知りたい人や知る必要のある人たちが大勢世の中に出てきたので、それがエドガー・ケイシーをはじめとする前世を読む能力者を地上に出現させたとは言えないでしょうか。すべてが相互的で、与えることは受け取ることになっているからです。神が全体をそのように計らわれておいでです。現実とはその具体的な現れなのです。

リーディングを主体的に使っていきましょう。縁ある人から、信頼の置ける人から、受けましょう。縁ある能力者とは、「あなたの知るべきことは、この能力者を通して神が啓示される」ということがあることです。自分を備え、良い動機で、受けるタイミングを考慮してください。お祈りしてその場に臨みましょう。受ければ大いに参考になります。複数の能力者からリーディングを受けたり、直感のある人に訊くのも参考になるでしょう。

⑥ 祈りと超作・使命

祈ることでカルマも解けて、魂も浄化され、前世が明らかになってきます。前世が意識上に浮上してきます。また、日々祈っている人がリーディングなどを受けると、その中でも必要で的確なことが伝えられてきます。

前世を想起したり前世を発見したりする事柄に関しては、欧米でも日本でも、書物が何冊か出始めています。また、本にはなっていなくても、ワークショップ、コース、セミナー、セッションなどが、前世想起に関することでも至る所で行われているようです。

しかし、その多くが祈りを抜きにしています。瞑想と夢と退行催眠を主体にしているのです。瞑想、夢、退行催眠。この三つが有力であることに変わりはありません。しかし、祈りなくして人間生命の秘中の秘である前世が明かされることはありません。

前世想起や前世発見のワークショップやコース、あるいはそれを書物にしたものの大半が、精神世界やスピリチュアルです。それらの分野は、脱宗教的なものを目指しているためか、祈りという尊い生命の営みを省いています。敬遠しているように見えます。

ところが実際は、人の前世が明かされていくのは祈りによることが主流なのです。本当の前世の多くが、実際は祈りに対する答えとしてやってきます。祈ることで、神様がそれに応えられ、前世を教えてくださるのです。祈りに対する応答として、神様が前世を明かしてくださいます。神様とのやり取りの中で、祈ったことに対して、神様が前世を開示してくださるのです。

といっても、祈りの中で「神様、私の前世を教えてください」と祈れということではありません。純粋にお祈りをしていると、必要な事を神様が起こしてくださったり、教えてくださったりするということ。その一環として、その人に本当の前世が明かされる必要がある場合は、おのずと知るようになるのです。

その意味で、本書で紹介されているさまざまな前世を知る方法は、「祈りに対する答えの受け取り方」に位置づけられます。祈りが前世を知る原因であり、他の方法は「どこで前世の答えがやってくるか」ということになります。

たとえば純粋に神様と関わって祈っていると、瞑想した時に瞑想の中で前世が明らかになる。あるいは、夢を見ている中で前世を再現する。あるいは催眠に入った時に、催眠のすきをねらって前世が思い浮かぶ。日ごろ、純粋に祈っている人がリーディングを受けると、リーディングの中で正確に告げられる。そのような位置関係になっています。

現実に起きる事はすべて、いちばんの元は神様にあります。現実に起きる出来事や巡ってくる状況が、祈りに対する神様の応答なのです。ただ起きてくるのではなく、カルマがあって起きてくるというだけでもありません。現実は潜在意識の反映であり、カルマの洗い出しでもありますが、それ以上にいちばんの元では、神様による霊的な示唆の表れが現実なのです。

現実は生きている心あるもの、有意《ゆうい》、すなわち意味のあるものなのです。とするならば、日ごろお祈りをして神様との関わりで生きていると、前世もその中でおのずと知らされたり、自分で自覚されたりしてくるということが正統的な前世を知る道です。

前世だけに焦点を当てて取り組んでも、限界があります。大きく捉え、縁のある神様や仏様と共に祈りながら、自分が日ごろすべき事をきちんときちんと果たしていれば、前世は特に追求して「知りたい」と強く願わずとも、知る必要があるなら、その人に最もふさわしい形をとって知るような事が起きてきます。現実に起きて体験する事は、祈りに対する神の答えだからです。ほかの方法が無駄だとか無意味だということではなく、祈りという一点を加えれば全部が生きてくるという意味です。

その意味で、祈りは前世探求においても、ダルマの中に黒い瞳を墨で最後に描くことに匹敵します。魂が込められ、ダルマが生きてくるわけです。逆に、祈りをしなければ、ほかのさまざまなテクニックを駆使して前世を知る資質があっても、なかなかはかどりません。また、たとえ知ることができても観念的なもので終わり、前世が現実に生きてきにくいのです。

現実に起きる事は、どんな事でも、いちばんの元は神様にあるということ。とりわけ霊的なことに深く関連する前世なら、神様の関与と認可なくして本当の前世が明らかにされ、現実の人生に影響を及ぼし、カルマが解けていくことは起きにくいのです。

霊的なことに深く関わる前世を扱う場合は、純粋な思いで、縁のある神様や仏様に祈りながら取り組みましょう。また、特にご縁のある神様や仏様がおられない人は、根本の神、ONEということに思いを致して取り組みましょう。


本書は他の類書と異なり、神、宗教、祈り、信仰という軸が導入されています。しかし、特定の宗旨宗派ということではありません。それぞれの宗派にも意味があります。その上で、すべての元にあり各々を生かしうる普遍的な真実と生命であるONEを基軸に論じています。そうでなければ、前世を扱っても上滑りで終わるからです。

自分の所の宗旨宗派や縁に合わせて、各自、前世探求に取り組むこと。また、特定の宗派がなければ、ONEという根本の立場で取り組みましょう。それぞれのルーツに合わせて人は神仏に育て導かれ、その一環として、前世も必要となれば明らかになってきます。

祈りと共に、超作と使命が前世探求においても欠かせません。前世探求だけを行うのではなく、霊的な学びや、現実にするべき事を果たす超作という生き方の一環として前世を探求するのが本当なのです。前世探求だけをすると、袋小路に陥り、観念論で終わりやすく、たとえ本当の前世がわかっても、あまり現実の足しにはなりません。

日ごろ、人間の生き方の本道である、祈りをしつつ、神との関わりで、現実に神が起こしてくださる事を受け止め、精一杯超作の心がけで使命に生きていること。そのような人が前世にも関心を持ち、知る必要があれば、その時は効率よく着実に前世探求が進展し、前世を知っただけでは終わらず、その前世にまつわるカルマが解け、成長し、使命に備えられ、知ったことで前世が今に生きてきて、明かされた前世が使命の推進力になってきます。

このように、前世探求だけを行うのでなく、本道を歩む中で前世探求も必要なら行うことです。たとえ真面目で真摯に前世探求に取り組んでも、全貌《ぜんぼう》が見えていなくて、祈ってもなく、日ごろするべき事を超作で行っていないなら、物の道理や法則からして、前世探求が進展しにくくなります。本人の持つ必要性や資質ばかりではなく、以上のような仕組みになっていることを知って、取り組んでください。

これは前世探求の世界で、欧米でも日本でも気づかれていない重要なポイントです。この一点さえ加えれば、ほかの全部が生きてきて正しく作用し、楽しく前に進んでいけることでしょう。正しい清らかな心で信仰し、無心になって祈りながら、その傍ら必要と感じる人は前世探求も行い、本書の三シリーズのように前世と現世と来世との三世《さんぜ》にわたって自分を探求し、見出し、修復し、役立てて、命の本源へと周りの者たちと共々に誘《いざな》われていく人生を送りましょう。

そもそも前世は、カルマを果たし使命を遂行するために明かされるのです。使命を生きるということにコミットしましょう。同時に一方、使命に献身していると前世をデジャ・ヴュで感じます。行いながら、「これは初めてのことではない。どこかで行っていた気がして仕方がない」と感じるからです。

前世やカルマと使命とは表裏一体の関係にあるので、使命が滞りなく果たされるために、祈りながらひたむきに利他愛で生きていれば、前世のカルマを神様が現され、解いてくださり、それを乗り越えれば前世も明らかになってくることでしょう。

前世探求においても、祈りを導入すること。神仏との関わりで取り組む中で、成長し、カルマが浄化され、育て導かれ、自分が備えられ、必要になれば前世に関する神からの啓示も頂けます。それは祈りに対する神からの応答です。現実にも示唆となることが起きてきます。万一、前世に関して勘違い、捉え違いがあったら、そのことに気づかされ、そして真実が開示されてくるのです。無心になってお祈りしながらするべき事に徹していると、神仏の働きかけで魂が浄められ、次第に目覚め、引き上げられてきます。その中で前世も認識されてくることでしょう。前世は神との関わりで、必要な場合に限って啓示されてくるものです。自らを使命に備え、整えていくために、導きと育成の一環として知らされます。現実の人生の動きとの関連で、カルマを果たし、乗り超え、使命に正しく向かわせるために。

百日御祈願、三百日、千日御祈願とそれらの満願お礼参りも有意義です。「神様いつもありがとうございます。現世に私が生まれてきた目的が神様のお心に沿って無事正しく遂げられますように。カルマを解消し、お浄めください。成長し、カルマを果たし、現世の役目をより良い形で完了させ、神様の御許へと向かっていけますように。私に必要な前世があれば、お示しください。すべてが神のお心の通りになりますように。何卒ご高配のほど、お慈悲のほどよろしくお願い申し上げます」

これは祈りのことばの一例です。

前世を知らされたら、神に感謝し、その前世にまつわるカルマが解けるようによく祈り、前世を使命に生かしましょう。前世を参考にして本務を遂行していくのです。明かされた前世と、現実との対応、つり合いを確認してください。そして、一連の諸前世の流れ、特徴、課題に気づいて、今後の人生をより良いものとしていきましょう。今、自分がするべき事を人間的な作為を超えた超作で為していると、前世がわかってきます。さらに、義務や本務にとどまらず、自発的に利他愛の奉仕を行うことで、前世からの可能性が全開します。いずれにせよ、前世は使命に人を備えさせ、使命を滞《とどこお》りなく遂行できるための礎石なのです。

⑦ 調査とジャーナル

「歴史はくりかえす」といわれます。これは、グループ転生によって起こされた場合もあります。いずれにせよ、生まれ変わりは人類の歴史と関連しているものです。なぜなら、個人個人の生まれ変わりの総体が、人類の歴史を形成しているからです。したがって、前世探求に取り組む上で世界史、日本史、世界地図、日本地図、この四つが役立つことになります。

また、人は単に個人で生まれ変わるばかりではなく、縁によってグループをなし、集団で転生していきます。そのため、人類の歴史の中で、似たような文化や功績を収める状況が至る所で見受けられるようになります。

自分が惹かれる歴史上の時代や場所、あるいは文化、歴史上の人物、事件や出来事などを探し、調べることも自分の前世を知る上で役立ちます。前世探求を行う場合、夢、瞑想、退行催眠などの内面的探求だけでは偏ってしまいます。霊感、直感、神からの啓示などにばかり頼らず、文献を調べ、必要だと思ったら惹かれる地まで実際に足を運んでみましょう。形なき内面の探求と、形になっている外面の探求とをバランスよく同時進行で行うことで、成果を着実に収めていくことができます。

左脳の論理的、言語的、知性的、分析的な面も、前世探求において併せて使うべきです。右脳に相当する直感、イメージ、感情、感性、神秘的手法ばかりに頼るのではなく、もっと実際的に前世を調べて、形になっている物との関わりで前世を見ていくことが役立ちます。文献調査や読書などによって、すぐにわかることもたくさんあります。

瞑想したり、夢を見つめたり、退行催眠を受けたりすることだけで前世を探ろうとするよりも、もっと普段から実際的に生きること。現実的に行動して見つかることもあり、自分がするべき事の中に前世の反映を見ることもあるのです。イメージや感情に聞くばかりではなく、緻《ち》密《みつ》に冷静な態度で前世を調べていきます。

調査の中には、情報収集や文献調査以外にも、実地踏査、フィールドワークがあります。図書館やインターネットなどで調べ、歴史書を紐解《ひもと》きましょう。それと共に、気になったり確かめたい時、あるいは「行く必要がある」と思われた時は、一人旅をしたり、仲間たちや家族と探求の旅行や巡拝、巡礼に出かけましょう。

左脳と右脳の両方を使って取り組むこと。調査、読書と、勘、イメージ、閃《ひらめ》きを併用するのです。この双方からアプローチすることで偏りが正され、着実に成果が上がってきます。歴史を学び、現実に対応する前世の面について周りを観察して確認し、瞑想し、夢に注目し、リーディングも受けてみます。祈りと思索、検討を重ね、祈りに対する応答が、夢、気づき、現実の出来事などの中に与えられることを見逃さないようにします。浄化と成長のプロセスの一環として、慌てず、時間をかけて取り組むこと。訪問などのフィールドワークも大切です。

調査、検討、思索、祈り、本務遂行などがバランスよく行われ、霊的成長と社会貢献を心がけて、わかったことを人生に生かしていくこと。このようにエクササイズによって判明してきたことを人生に応用し、行動に移していくと、前世が生かされ、確認もされ、その前世を裏付けるような状況や出来事に遭い、前世が現実化してきます。

生まれ変わりは、土地や場所との関連が多分にあります。気になったり、惹かれたり、「何かある」と思える所は、日本の国内でも外国でも、機会があれば訪ねてみましょう。行った先で確認が取れたり、違っていたと気づかせられたり、何らかの気づきが得られます。

また、気づく、気づかないということだけにとどまらず、行くことでエネルギーの交換がなされ、その土地に関わる前世のカルマが解消することもあります。同じ場所や土地に同様な思いをいだく家族や仲間と共に訪ねると、さらに効果が上がります。

土地や場所に出向いたら、関連の資料館、博物館、歴史館なども訪ね、そこに展示され、収められている記録文書や遺品、歴史的な遺物などの前に立ってみてください。どんな印象を受けるか。文献だけでは確かめられないものを、当時の遺品と向き合うことで体験する可能性があります。もしかしたら、自分の中に何かの変化が起きるかもしれません。遺物に触れることが刺激となって、自分の中に魂の記憶や印象が呼び覚まされることがあります。

もともと巡礼や巡拝には、生まれ変わりを前提に、以上に述べたような効果をねらっている部分もあります。巡礼や巡拝は前世のためだけにするのではありませんが、では、なぜ人が昔から巡礼や巡拝をするのか。その理由の一部には、確かに前世探求やカルマ解消による癒しも含まれています。それによって、単なる気分転換や気晴らしにとどまらず、自分がすっきりして態勢が整い、現実に立ち返って現状の意味を再認識して、心置きなく現実に取り組めるようになる効果を人は知っているからでしょう。

また、歴史書を世界史と日本史とそれぞれ、特に自分や周りの人たちの生まれ変わりの観点で読み直してみましょう。併せて、世界地図と日本地図も用意し、見直してみましょう。そして、惹かれる文化や時代や国、地域、状況、出来事、人物などをピックアップしましょう。

そして、イマジネーション瞑想を行ってみます。その中で何が浮かんでくるか、イメージされるか、見ていくのです。特定の時代や場所、その中での当時の自己の役柄、ポジションがどんなものだったのかを想像してみましょう。実際に自分が行ったと思われる事柄を推測してみましょう。

たとえば、日本の平安時代に惹かれているとします。それは、平安時代の日本のどの辺りなのか。京都、関東、東北、それとも日本海なのか。平安時代の奈良なのか、九州なのか。また、そこでは自分がどんな職業やポジションだったのか。実際に当時、自分は何をしたのか。そんな思いを膨らませてみるのです。そして、その手助けや確認として、日本の歴史の中の平安時代の書物や情報を調べてみます。

考えに浸り、一人で瞑想だけをしているのではなく、すでに歴史家たちの研究成果がたくさんあるのですから、それを自身の前世解明のためにふんだんに活用するべきです。

自分のイメージと合うこともあれば、違うこともあるかもしれません。その場合、歴史書が正しい場合もあれば、自分のイメージ記憶や想像の方が正しい場合もあります。自分の想像の方が乏しい場合もあれば、逆に歴史で解明されている以上に自分の想像イメージの方が豊かで詳しい場合もあります。

歴史書に記されていることと自分のイメージとが違っている場合、自分のものが正しい時もあれば、歴史書が正しく、自分のイメージは主観的なものにすぎない時もあります。すぐに結論を出さずに保留にし、引き続き検討したり、瞑想したり、夜見る夢を追い続けましょう。

祈りながら真摯な気持ちで取り組み続ければ、神のご助力やお計らいによって、いずれ知るべき時が来ると、真実が明かされます。それはたとえば、友人や仲間の口から出る言葉を通して気づかされることもあれば、別の文献を開いて気づかせられることが起きる場合もあります。自分の霊感が高まって、自分の内部から気づきやお知らせが湧いてくることもあります。

どこからやってくるかわかりませんので、いつでも正直で柔軟にいてください。そうすると気づきやお知らせが来たときに自分が対応でき、気づきを促す天からのメッセージや励まし、改変への警告を取り入れることができます。

また、自分の前世探求だけに終始することなく、仲間や友達と共に取り組むと、互いに啓発し、修正し合い、暴走を止められます。互いにサポートもし合えます。さらに一般の人、たとえば家族で客観的な人がいれば、時々チェックしてもらうことも役に立ちます。なぜなら、仲間たちと取り組んでいても、集団暗示や思い込みに陥ることもないとは言えません。もう少し冷静で中立な人からのチェックにも耳を傾ける謙虚さや柔軟性が必要です。

歴史を紐解いて、自分の主だった生まれ変わりを特定していく作業を行うのですが、前世において霊的傾向が強かった人の場合は、一般の歴史書だけではなく、神秘哲学や精神世界の研究書や書物も開いて見ていきましょう。そのような中に、生まれ変わりのパターンやルーツや傾向などが一部明かされていて、自分たちに当てはまる場合もあるからです。

前世でも現世でも、霊的傾向が強い人の場合は、これまでの神秘家や霊能者が明かしてきている霊的系統の生まれ変わりの具体例が自分に当てはまる場合もあり、一般の歴史書からは得られない情報を入手できることがありえます。このような時は、安易な同一や早急《さっきゅう》な断定は控え、「自分はこのケースに当てはまる」と思えても、疑ってかかる健全な心も持ち合せつつ、しかし頭から全面否定することもせずに、可能性をそこに見つつ、引き続き調べて瞑想をしていきましょう。いずれ神が審判を下され、決着のつく日が来ます。真実なら、否定しても時期が来て再浮上してくるものです。

生まれ変わりのパターンというものがあります。それは必ずしもシュタイナーなどの述べているような杓子定規《しゃくしじょうぎ》なものではありませんが、ある程度は生まれ変わる場合の特徴があります。自分の場合はどのような生まれ変わり方を取ってきているのか知りたい時は、神秘家やエドガー・ケイシーをはじめとするリーダー、日本の霊能者などの明かしている具体例を見ると、自分や自分の周りの人たちに当てはまる場合があります。ただし、どんな神秘家や霊能者の場合でも、すべて正しいことを述べているとは限らないので、参考にしながら、自分の霊感や実感、また現実などと照らし合わせて、引き続き検討していきましょう。

必ず真実が一つあります。真実の場合は、無理がなく、どこから見ても矛盾もなく、自家撞《じかどう》着《ちゃく》に陥っていないことが特徴です。意図的にうそをついたり自分をだましたりしていなくても、捉え違いをしていると何かしっくり来ない部分があり、何か無理があり、自家撞着に陥っているものです。しかし、自分の中で根拠のあるこだわりや実感もあるのなら、それは葬り去らず、なぜそのように自分が思うのか温めながら、気長に取り組むことです。いずれ真相が明らかになる時が来ます。

このように調査には、文献上のものと実地踏査、フィールドワークとがあります。

前者は、歴史、土地、人物、文化などを調べ、読書をし、地図を開いてみます。関連するものの情報を収集し、調べ、確かめるのです。絵、写真集、雑誌、また精神世界、神秘学関係にも当たりましょう。映画、ＤＶＤ、ＴＶの特集番組なども観ます。パソコンを開き、図書館にも行ってみます。

後者は、巡礼、ツアーだけではなく、博物館、美術館、資料館、開拓村、歴史的遺跡も含まれます。デジャ・ヴュも体験するかもしれません。

このようなエクササイズを続けていく場合、ジャーナルを綴ることを必ず行いましょう。ノート、メモ帳、手帳、日記、覚書。これらを総称してジャーナルと言います。ジャーナルは、単なる日記以上のものです。学習手帳と言ったほうが近いかもしれません。自分史も含まれます。私はこれを年表形式で作成することを周りの人々に勧め、自らも実践しています。

どんな勉強をする場合でも、ノートは欠かせません。自分探しの旅に取り組む場合も、前世編、現世編、来世編、いずれにおいてもジャーナルがあると、効率的で着実に進めます。自分で点検し、確かめながら進めます。ジャーナルの活用はすべてにおいて為されると効果的で、前世日記、前世ノートも次第に充実してきます。

頭の中の思いや気づきを流してしまわず、形にして残していきましょう。文字に移し、時には、そのビジョンを絵にして残しておくのです。スケッチも描いてみましょう。あるいは気づきを書きとめます。「こういう夢を見た」「瞑想の内容はこうだった」「富山県に行ったら、こういう事があった」。事実の経過報告だけではなく、その時どう思ったのか、感想も書きとめます。また、「こういうことがわかった」「こういうふうに感じた」「こういう留意点を思いついた」、このような気づきも残しましょう。

夢日記も、夢ジャーナルとして取り組みます。どういう夢を見たかという事実だけではなく、その時どう感じたのか、またどういう夢だと自分で思うのか。そのような夢の印象や感想、夢による気づき、そしてこれからその夢とどう付き合っていくとよいと思うのか。思ったこと、感じたこと、考えたことなど、自分の中にあるすべてを書きましょう。

これは、日常生活でも同様です。「今日あったこと」、それだけではなく、その時どう感じたのか、それをどう捉えたのか。それに対して、これからどうしていこうと思うのか。気づいたこと、学んだこと。気がかり、したい事、楽しみ。そういうことも書いておきます。

ジャーナルは、調査をする時はもちろん、本書に紹介されているあらゆる方法に取り組む時に、付随して実践してください。

⑧ 音楽、芳香、フラワーエッセンス、クリスタル、ボディワーク

自分自身で前世を探求する場合、音楽、芳香、フラワーエッセンス、クリスタル、ボディワークなどが補助として役立つことがあります。

たとえば、自分が惹かれる音楽、あるいは実際に親しみ、聞いている音楽。人によっては、

ただ受け身的に聞く側ではなく、自分でも演奏したり歌ったりという、行う側の一人として音楽に縁がある人もいます。どちらの場合でも、音楽や踊りなどと自分との関係を見ていきます。

特に、どんな音楽のジャンルに縁があり、なじめるのか。また、それぞれの音楽、さらには具体的な曲を聞いた場合、あるいは演奏している場合、どんな思いが自分の中に伴うのか。聞いて楽しむことや、癒されるということだけではなく、前世らしきイメージが自分の中に湧いてくるかどうかを見ていきます。どの国のどんな音楽になじんできたか。あるいは実際、縁があるのか。

補助として挙げられている音楽をはじめとするこれらの方面は、人間の感性に深く関わるものです。前世の記憶は、いわば魂の記憶です。現世の記憶を超えたものです。その記憶は、本能的な部分に密接につながっている場合が多いのです。

知性や理性や論理より奥にあるイメージや感情、情緒、直感、さらには感覚、感性がありますす。目で見たり、耳で聞いたり、鼻でにおいや香りをかいだり、口で味覚を味わったり、あるいは触覚として肌で感じ取るなど、感覚は理性や感情以上に自分の生命体の深い所に根差した部分です。

チャクラで言えば、特に下の方のチャクラが関係しています。たとえば、第二のスワディスターナチャクラが発達している人は、においに敏感です。嗅覚《きゅうかく》が発達しています。本能的で、無意識の部分が研ぎ澄まされているのです。理性的で論理的すぎる人は今「ＫＹ」などと呼ばれ、その場の雰囲気をキャッチして合わせるのが苦手です。そういう人はスワディスターナチャクラが閉じていることもあり、衰えています。自分の中でそういうことを軽視しているからです。

直感や霊感にも、本能的なものと、もう少し天に由来する高尚なものとがあります。どのチャクラが動いているかによって、どういう霊能力や超感覚が働くかが異なってくるのです。

前世の記憶は潜在意識Ｂに蓄積されていて、それは奥深い感覚的な部分と密接不可分です。前世は、歴史上の過去です。現代と同じように前世をイメージしてしまっては、すでにずれてしまいます。昔に生きたということが前世ですから、つい最近の前世の江戸時代でさえ、今よりずっと原始的で素朴な生き方をしていたのです。そういう前世を思い出すためには、もっと柔軟になると共に感覚を研ぎ澄まさなければなりません。

においや音や原始的な音楽、あるいは食べる物、体に受けた印象。動植物、山川草木との関連性。そういう感覚の部分が前世の記憶をくすぐり、呼び覚ます助けになるのです。ですから、意外と見落とされがちな本能に根差す部分に目を向けることで、困難だと思えていた前世の記憶が呼び覚まされてくるのです。

音楽や声は、視覚的な美術や画像以上に奥深い部分に根差しているので、音楽によって奥深い感覚がくすぐられ、前世の記憶がその印象と共に浮かび上がりやすくなります。

たとえば、イマジネーション瞑想と組み合わせて、自分で気になる音楽を流しながらその瞑想に取り組んでみると、瞑想の効果が倍増します。音楽と瞑想を上手に組み合わせることで、本書で紹介された前世探求の方法の行き詰まりを打開することもできます。音楽だけを聞き、また演奏するだけでも効果がありますが、他の方法を行う場合に音楽も加えると、今まで以上にうまくいくことがあります。

特に、民族音楽は前世と関連している場合がよくあります。また、宗教音楽は、日本の神道のものでも欧米の教会音楽でも呼び水となります。神道関係なら雅楽があり、笙《しょう》などの音色は、もし前世で神道の儀礼に関わっていたり宮廷に居た人なら、その前世を思い出しやすくします。もしあなたがダビデからソロモンの時代に生きていたなら、ハープや当時のものを呼び覚ますクラシックに感じるものがあり、当時の前世を思い出しやすくします。グレゴリオ聖歌に感じる人もいることでしょう。バロック音楽になじみやすいものを感じる人もいるかもしれません。仏教の木魚をたたく音に、不可思議な親しみを感じる人もいることでしょう。あるいは、鐘の響きや、声明に。

理屈を超え、理詰めに探求する所から一時離れて、音楽に浸ってみましょう。意外とたやすく、一生懸命生真面目に前世探求を取り組んでいる限界を乗り越えているかもしれません。

芳香は自分の魂を浄め、リラックスさせる効果があります。そして前世のものが現れ出やすくもします。

においの記憶というものがあることに気づきましょう。触覚も手がかりになります。記憶は、目で見たり、耳で聞いたり、体験する事に限られません。前世である体験をした時にあるにおいがあった場合、似たようなにおいをかぐと、その前世の時の感情が呼び覚まされることがあります。条件づけができているからです。香りも前世の記憶を呼び覚ます助けとなります。

フラワーエッセンスは、花の力と効力による部分が大です。相性が良い人は、活用しましょう。

宝石やクリスタルが、役立つ人たちもいます。古代から、エジプトやギリシャ、ペルシャ、インド、あるいはペルーなどで、宝石やクリスタルが使われました。細かく見れば、世界中で宝石やクリスタルが使われてきています。

宝石とつながりやすい人は、前世の記憶を呼び覚ます手助けとして用いましょう。宝石は、チャクラに働きかける効用もあります。たとえば古代のエジプトでは、ラピスラズリが愛用されていました。

そのほか、シンボルや幾何学紋様などにも潜在意識を動かす力があります。古代の神秘学はシンボルを重んじていました。そのようなことに関わってきた人は、特定のシンボルによって前世を思い出す引き金が引かれます。

また、前世で使っていなくても、シンボル自体に潜在意識を動かす力があるので、前世でシンボルに関わっていなくても、シンボルに感じやすい人はシンボルが役立ちます。私はリーディングの中で、ライフシールという個人用のマンダラを求めに応じてお授けしています。

ボディワークも、人間の記憶を呼び覚ます助けになります。人間は誰でも、身体と心と霊から成り立っています。しかも、身体と心と霊とは、密接に関連し合っています。それゆえ、心や魂にある前世の記憶も、体を刺激することで思い出すことが起きてくるのです。

マッサージや整体、指圧を受ける。そうするとリラックスし、体が回復し、楽になってきます。気の流れが良くなります。リラックスして快適になり、体を忘れられます。深い瞑想やトランスに陥る人もいます。

その治療中に奥深い感覚や意識が動き出し、人によっては前世を思い出したり、前世らしきイメージが湧いてくるのです。あるいは、治療中に湧いてこなくても、体が回復し楽になったおかげで、家に帰ってくつろいでから前世が思い出しやすくなったりします。

人によっては、受け身的に治療や整体を受けている時ではなく、ウォーキングやジョギングをしている時、体をフルに動かしている最中に、無心になり、ある意味で体が麻痺《まひ》して魂が動きやすくなり、あるいは積極的に体を刺激し動かしていると、魂が刺激され、体の動きにつられて奥深い記憶が呼び覚まされてくることがあります。

ダンスや踊りによって呼び覚まされる人もいます。それは、前世で似たようなダンスや踊りをしていた人はもちろんのこと、前世で体を動かすことをしていない人でも、体と魂は結びついているため、体を動かすことで魂も一緒に動いて目覚めて、理性的に前世を探求しているよりも、激しく踊っている最中に前世の記憶が呼び覚まされる人もいます。念仏でも、一遍上人のように踊り念仏を推奨していた人もいます。お祭りの最中に前世の記憶が呼び覚まされる人もいることでしょう。

工夫しながら、自分の場合はどういう時に前世の記憶が開かれやすいか、いろいろと試してみましょう。

ここで、芳香、フラワーエッセンス、宝石・クリスタルの中で、前世探求に有効なものを紹介しておきます。

芳香：ラベンダー、ライラック、サルビア、ビャクダン、フジ、没薬、乳香、ローズ、ユーカリ、オレンジ、ヒヤシンス、レモンフラワーエッセンス：
スターチューリップ、オトギリソウ、ワスレナグサ、タイム、チャパラル、ブラックアイドスーザン、クロイチゴ、ヨモギ、カリフォルニアポピー、セイヨウツボグサ、ハス、アイリス
宝石・クリスタル：ラピスラズリ、ヘマタイト、ファントム・クリスタル、ヒスイ、アメジスト、両錘透明水晶、紅玉髄、トルコ石、タビー・クリスタル

自分の前世を取り出すために有効な方法や機会はいろいろあります。
退行セッション、前世想起のセミナーやコース、リーディングをはじめ、ジョギング、水泳、遊泳、マッサージや指圧やリフレクソロジーやダンスなどのボディワーク、サイコメトリー、シンボル、香り、宝石、音楽などです。前世に関連していること、前世を連想させイメージをそそる音楽、自然の音、環境音楽、民族音楽などはきっかけになります。ＡＲＩでも、前世想起コース、セッションを開催しています。

自分の現世の名前や生年月日、数とのつながりと縁、現世に表れるさまざまな徴、出来事にも注目してください。鏡に自分を映し、改めてよく眺め、自分の写真や映像をあたかも他人を

見るように眺めてみましょう。さらに、入浴する時など、服を着ていない一人の状態で、現代日本の自分の規定から解放され、裸の自分を実感してみましょう。

日本国内の前世と外国の前世とを自分に照らして、同時進行で偏りなく探ってください。家系のルーツも調べ、自分固有の個人の転生のルーツと関連性があるのかどうかも見てみましょう。土地との縁、これまでの経緯も併せて調べてみるのです。家系の中での生まれ変わりも、時に見受けられます。限られてはいないものの、人は霊的系統の中で生まれ変わる場合が多いのです。聖書の中に出てくるセツ↓ベニヤミン↓サウル王という転生は、その一例です。日本では、聖徳太子が親鸞に転生しましたが、この二人とも観音菩薩の化身と見なされていました。血統や霊統の中における自分のポジション、位置取り、特色、役目、カルマがわかってくると、自分の前世がかなり特定されてきます。

第五章

前世探求を旅する心構え

前世を知ることが興味本位であったり、自己満足・他者軽視になったり、観念的なものではいけません。また、前世を知って、その情報を悪用するのも問題外です。自己認識、自己反省として前世を知り、用いること。特に使命遂行、カルマ解消、成長の手立てとして前世の情報を活用します。正しく自己認識していると、本当の前世に行き着くものです。一方、本当の前世を知ると、自分を正しく認識できるようになります。

ただし前世探求に意義と価値を見出し、取り組んでも、すぐに正しい答えが出るのは困難です。一般の人たちの場合、最初から本当の前世に気づくことは、ほとんど起きえないのが実情です。実際は、数限りない試行錯誤のプロセスを経ていくものなのです。「最初から本当の前世を何もかも知らされて、わかる」と捉えないでください。自分の成長過程やカルマ解消、準備の出来具合に応じて、一歩一歩自分の前世に気づいていけるのが法則です。諦めず、現実世界の本務と併行して楽しく行いましょう。

これは、どんな方法を用いて前世を探求する場合にでも当てはまる法則です。中には、知りたいと思ったら最初からいきなり、重要で本当の前世が明かされる人もいます。しかしそれは偶然でもラッキーでもなく、その人はどういう形かで自分を浄め、態勢を整えてきていたので、知りたいと思ってリーディングを受けたり、あるいは自分で前世探求をしたりすると、すぐに本当で重要な前世が明かされるような事を体験したのです。

人間が体験していく事は、その人次第です。その人のその時点にふさわしい事が、良くも悪くも起きてきます。そのことを理解していれば慌てずに済み、人や自分を責めすぎるということはしなくなり、落ち着いてじっくり取り組み、自分を見つめ、整えて臨むようになります。

前世探求において、「濡れ手に粟」式にいい目を見ることは、まずほとんどないと思ってください。真摯な気持ちで取り組むのは当然にしても、時間がかかるということ。それは、自分の成長のプロセスや程度、準備の出来具合によって、わかることがそれ相応に伴ってくるからです。

前世がわかるのは偶然ではありません。自分の準備の出来具合によることで、神様や霊界との関わりで明かされるということです。単に記憶力が良いとか、思い出す能力に長けているとか、前世探求の方法が巧みで向いていたということでは説明しきれないものが、そこにはあります。

まず、自分が前世を知る必要があり、神がそのことを許可された時に限って、前世が明かされます。自分でも主体的に努力しますが、それだけで叶うものではないということです。ある意味で封印されており、天の世界のアカシック・レコードでそれを司る者たちが管理し、責任を持って取り締まっているのです。

前世探求を行う場合、自力で押し通すということは慎み、むしろ「教えてください、教えてください、教えてください」という姿勢で取り組むことです。ただ自力で「わかろう」と踏ん張るよりも、「教えてください」と謙虚に神仏や霊的世界にお願いするのです。これは、どの方法で取り組む場合でも言えることです。

したがってわかった時も、「自分の頑張りと能力でわかった」と捉えるよりも、「自分もわかろうと頑張ったかもしれないけれども、基本的には天からの許可が得られ、教えていただいた」と捉えるべきでしょう。そうすると進展も速くなります。

このような姿勢で取り組んでいれば、もし、勘違いから自分の前世を取り違えていた場合は、必ず修正が入ります。「あなたは、自分の前世をこういう人物と思っているようですが、それは違いますよ。本当はこういう人物だったのですよ。これでわかりましたね」という修正が、何らかの形できちんと入ってきます。そういう事が、生きて探求している中で必ず起きてくるのです。そういう人は安全で、周りから見ても安心です。

また、言うまでもないことですが、前世探求は本当の意味で自分のためにすることです。自分を深く知り、自分を受け入れ、浄め、整えること。そのようにして、ほど良くできてきた自分をさらに上手に運用し、世の役に立てて、世界を良くする一助となっていくこと。それがまた、自分の静かな喜びにもなります。信仰も深まり、自分が周りの人にとってもありがたい存在になっていきます。

　そのための前世探求です。使命をより良く遂行できるために、その準備を整える一環として前世を知り、そこでカルマを果たすように心がけて取り組むためです。前世探求は自己発見と内省を深めていくプロセスです。そして、自己調整、自己回復から自己活用へと向かうべきことです。

　前世探求は、自己認識の重要な部分を担っています。したがって、前世探求により、自己認識が深まり、進展します。正しく自己認識ができ、セルフイメージが正されてくると、本当の前世が捉えられるようになります。逆に、自分を正しく認識していないと、その分前世認識も真相からずれてきます。間違った前世を信じている人は、自分を本当にはまだわかっていないということです。前世探求の中期段階において、自分と類似の実体や自分の指導霊・守護霊などを自分自身の前世だと思い違えることがあります。真の前世が判明すれば、本当に自分のことがわかり、ありのままの自分を認め、受け入れ、育て、生かせるようになるのです。

　自分の前世は、どういう人物なのか。まずわかりやすいのは、歴史上に名前や功績が残っている人物たちです。それで自分を誇ろうとする人ではなくても、歴史を見ていくと、名前や功績が残っている人物は目立ってわかりやすいので、つい「自分が歴史上のその人物だ」と思う人たちが、前世探求において必ず出てきます。このことを、どのように捉えたらよいのでしょうか。

自分が歴史上の有名人の前世の可能性は〇・一～〇・〇一％程度であり、全くないわけではありませんが、それは非常に稀なケースです。本当の前世の場合は今の自分とつり合い、いろいろな面で対応しています。たとえ歴史上の人物だったことがあったとしても、他の人々より価値が高いということではありません。完全だった人はほとんどいません。ただ社会的ポジションには、それ相応の責任が伴うことはあります。また、その分カルマも大きくなることがあります。歴史上の著名人が生まれてくると、破滅するか、再び大きな功績を残すか、いずれかに出やすいのもそのためです。ある面で飛び抜けて優れている人もいます。

多くの前世探求本や、その分野のワークショップなどでは、「歴史上の著名人に自分の前世を探すことは厳に慎むべきであり、『歴史上で自分の名前が残っていることはまずない』、そのように見るべきだ」と戒める所がほとんどです。理性的で慎重な所ほど、そう伝えています。

そのように言わなければならないことは理解できますが、ある意味それも言いすぎです。それを厳しく戒めすぎると、本当に歴史に名が残っている人の前世探求を損なう場合が起きてくるからです。あるいは、結果として歴史上のその人物でなかった場合でも、探求前に萎縮《いしゅく》させ、自由で伸び伸びとした想像を殺し、想像から実像へと至るプロセスをたどれなくさせてしまう恐れがあります。確かに、真相としては歴史に名前が残っていない人たちがほとんどですが、最初から「自分と周りの人たちは前世で名前や記録がきっと残っているに違いない」と見てかかることも、「名前や記録が残っているわけがない」と決めてかかることも、いずれも極端であり、慎むべきなのです。肯定しすぎも否定しすぎも、それは同じく偏見です。

名前や記録が残っている場合も残っていない場合も、いずれも可能性としてある以上、先入観や固定観念を持ちすぎて臨むよりも、事実を見ていこうとする中立で素直な姿勢が望ましいのです。結果として、名前や記録が歴史上に残っていない場合がほとんどではあるのですが、事によると部分的に、ある前世に関しては自分たちが記録に残っている場合もありえますので、「残っていようといまいと、とにかく事実を知りたい」と、そのような虚心坦懐《きょしんたんかい》な姿勢で臨むのがベストです。万一、自分の前世の中に歴史上の人物がいたら、素直に認め、しかし慢心して油断しないこと。このような本当の場合も非常に少ないけれど、稀にあります。

「歴史上に名前が残っているわけがないし、そのように思って取り組むのは危険なので、絶対やめるべきだ。ありえないことなのだから」ということを強調しすぎると、多くの人たちが逆にそれを意識して、心が萎《な》えてしまいます。すると、仮に事実として記録に残っている場合でも、それを回避してしまい、真相に至れないことが起きてくるのです。

「自分の前世が歴史の記録に残っていてもいなくても、どちらでもいい。とにかく事実を知りたい。そして謙虚に素直な心で判明した事実を受け止め、それを糧として生きていきたい。そのために探求しているのだから」。それがよいのです。私自身もこの精神と姿勢と方向で取り組み、周りの人たちにもよく言って聞かせてきています。

自分の前世の名前が記録に残っているか残っていないかはどちらでもよく、それを意識せずに、「真実を知りたい」という気持ちを立てながら、柔軟に一貫した姿勢で取り組んでいれば、悪気はなくても一時的に取り違えている場合は、必ずいずれ真相が明かされますし、真相が明かされた時にも、名前が残っていようといまいとその真相を受け止めて、真実と共に歩んでいけるでしょう。そういう人の場合なら、どちらの前世であっても、気落ちすることも、慢心して油断することも起きないことでしょう。

また、歴史上に名前や記録が残っているかどうかは、その人の価値を決めることではありません。ただ、影響力が大きく、責任や役目も与えられたことには何かあるということは言えます。それがわかれば、ますます謙虚で、心を引き締めて現世の使命に臨めるようになることでしょう。

要は、本当の前世を知って自分をありのままに認識し、事実を受け入れて、それを参考にしながら今後を生きていけばよいのです。その姿勢で取り組めば、必ず必要な前世は、神様と指導霊の管理の下《もと》、自分がエクササイズに取り組み続ければ判明してくることでしょう。

いずれの場合でも、自分に正直になり、「本当にそうだろうか」と疑ってかかり、何回でも検討し直すこと。真実なら生き残り、確信と静かな喜びが伴います。そして、その前世が癒され、これからの自分や周囲を助けてくれるように働き出します。もし違うことがわかっても、同じような態度と姿勢で前世探求を続けていれば、そのうち必ず真の前世に行き着けます。

真の前世の場合、現世とさまざまな点で偶然以上に符号するばかりではなく、その程度や器も同様のレベルであること、本人はもちろん、その周りの人たちや土地なども対応していること、時代状況や境遇なども似通っていること、ほかの人たちから見てもそう思えること、本人が意図的に演じているのではなく、自然に前世の時と似てしまっていること、矛盾をきたさず無理がないこと、一時的な思いで終わらず一〇年、三〇年と風雪に耐えること、霊能者などのわかる人が見ても肯定すること、などが伴います。

また一方、前世の自分が現世のあり方と全く異なっている場合もあります。それは、人が生まれ変わっていくプロセスにおいて、継続、発展の法則と共に、均衡の法則も働いているからです。その生命体を進化、完成させるために、前世の性格や興味や能力や生き方が控えられ、別の方向へと向かうことで総合化が図られます。それゆえ、前世の延長としてだけで現世をイメージしては正しく捉えられないこともあります。人間は奥深い存在であり、転生に際して、バランス化させる運動が時に作用するということです。

なお、これまで日本人は日本人として転生することが多かったので、現在日本人である人は日本の前世が多いことも付記しておきます。モンゴル↓シベリア↓中国↓日本の順で転生してきた人が多いようです。しかし中には、古代エジプト↓バビロニア↓インド↓中国↓日本というパターン、あるいは、アトランティス↓古代エジプト↓イスラエル↓ローマ帝国↓インド↓中国↓日本などのパターンの人もいます。今日本人である人の直前の前世は七割が日本、残り三割が中国、インド、韓国、ヨーロッパ、アメリカ合衆国などの地域となっているようです。これからは、今まで以上に海外へ転生していくようになることでしょう。

第六章

前世という過去からの学びを活かす

本当の前世を知らされたら、神に感謝し、「その前世に関わるカルマが果たされ、解けて、現世生まれてきた目的が神のお心に沿って正しく遂げられていきますように」と心からよく祈りながら、その前世のカルマや傾向に留意して現実に対応していきましょう。

何らかの形で前世に気づかせられた場合、「自分の前世が一つわかった」というのではなく、まず「明かされた」と捉え、神に感謝するべきです。「神様、この前世を教えてくださってありがとうございます。このことをこれから無駄にすることなく、善用してまいる所存です。よろしくご高配のほど、お導きのほどお願い申し上げます」。そういう感謝と決意のお祈りを、まず捧げましょう。

続いて、その前世を肝に銘じ、日々の祈りの中で「その前世に関わるカルマと霊障を解いてください。この前世との関連で与えられた現世の使命と役割が、神のお心に沿って無事正しく遂げられ、生まれてきた目的が全うされますように。今後とも何卒よろしくご助力、ご指導を賜りますよう、心よりお願い申し上げます」「この前世が知らされた意図が、滞りなく遂げられてまいりますように。もし自分の中でうっかりした所がありましたら、気づかせてください。そして、改める力と勇気をお与えください。明かされた前世の時にも増して、人様のお役に立てるようお導きください」。そういう趣旨の祈りを捧げましょう。

本当の前世が明かされると、その直後にその前世の出来事と似た事が起きやすいので、よくお祈りし、心して臨んでください。私はこれをカルマの洗い出しと言っています。特に、当時関わりのあった土地に行くことになったり、当時の人と関わったり、同様の事を手がけたり、当時と同年代になってくると、顕われやすくなりますので、気をつけるべきです。

前世の時のカルマ、癖などに気をつけて、行っていくこと。そして、前世の時の良さや役目をますます輝かせ、発揮していくことです。「あぁ、一つわかった」というだけで済ませないということです。

知らされたということは、その必要性や天の意図があったはずです。一つの前世が明らかになって好奇心が満たされた、というだけで終わらせてしまうものではありません。この時期にその前世を知らされないと、現世でもまたうまくいかなかったり、余計に苦しんだり、周りに迷惑をかけたりしかねないことが洞察されたからこそ、前世を知らされたのです。

ですから感謝し、身も心も引き締めて人生に臨むようにしましょう。知らされる必要がなければ、明かされることは起きてきません。ある時期に知らされたということは、それ以降必要になってきたということです。

しかしそれは、必ずしも周りに「自分はこういう前世だ」と言わなければならないこととは限りません。言う役目の人は一部周りに言ってもよいのですが、多くの場合は自分の心に秘めてその前世を使っていくことです。もちろん悪用するのではなく、感謝し、慎みながら、前世を参考にしてそれ以降を生きていくのです。

人は悲しいことに、弱く愚かで、汚れた所を持っている存在です。そのため、何度も何度もその人の傾向にまつわる同様の過ちをくりかえしがちです。そのため、周りにもいい影響を与えません。そのため、良い人生を送りたいと心から望んで献身している人に対しては、前世の過ちを指摘し、どういうことに留意し心がけて生きていかないといけないのかを示唆されるのですが、そのためには生きた実例を提示して諭すのが最も効果的です。

その生きた具体例こそが、その人の前世にほかなりません。その人がかつて生きて、困った事を起こしたり、するべき事を控えたりした、それが今カルマとなって自分や周りを困らせていて、問題となっているのです。それに対してどう捉え、自分を反省し、整え直すとよいのか。そして今後は、自分が特にどういうことに気をつけなければならないのか。そのために、前世という具体例が最も効き目があります。なぜならそれは、自分自身に直面させることですから。「あなたはこういう傾向があるから、特にこういう所に気をつけた方がいい」という個別教育においては、かつての実体験を具体的に提示することほど説得力を持ち、効果があることはありません。「あなたはこういうタイプだから、特にこういう事に気をつけた方がよい」と言うだけでは、なかなか相手に届きにくいものです。

それよりも、「かつてこういう事をしたから、今、こういう事をしているのです」。あるいは「こういうふうに現に困っているのです」。「そういう事実がかつてありました。だからこれからは、特にこういう事はしないように。むしろこういう事に注意して行うと今の問題が解決し、これから自分を生かせますよ」というように。

過去、実際に行って体験したことを引き合いに出すことほど、正統的で効果のあることはありません。そして、それを人から指摘されるのを待つまでもなく、自分で前世を発見したなら、その前世の人物の生きざまや心の持ち方を知って、それ以降の人生の参考にすることです。

カルマや癖は反省し、できるだけ行わず、正していくように気をつけること。一方、前世の良さや功績は、ますます励みにして磨きをかけ、より良い形にして発揮し、周りの役に立っていくようにすることです。つまり、前世のマイナスの部分は気をつけて行わないようにする一方、前世のプラスの部分は、それを励みにしてますますそれを伸ばし、発揮していく。これほど効果的な教育法はありません。自分の過去から学ぶわけです。それを黙って自分に作用させ、良心的に使っていくのです。前世に基づく実地の教育指導法です。

前世を知ると、現世に生まれてきた目的、自分の役割やポジションの意味、生まれ変わりによって一貫した自分の魂のテーマなどに気づいてきます。留意点、気をつけるべき点も見えてきます。「なるほど」と思えて、腑に落ちます。その上で現状の意味を悟り、それを踏まえて何をどうしたらよいのか、自分固有の必要な知恵が、前世から汲み上げられるのです。

人は、自分の過去から最も多くを学べる生きものです。ここで過去という場合、五年前、一〇年前を反省し検討するばかりではなく、三〇〇年前、一千年前という前世の過去をも反省し、参考にして教訓を汲み上げることができれば、もっと今の自分を理解し、特に自分の場合は何をどうしたらよいのかが見えてきます。また、現状がこのようになっている意味や理由もよくわかるようになり、現状を踏まえて、迷わず無心になって目の前の事に挑んでいけるようになります。欠点はすぐ直りやすくなり、長所を最大限発揮できるようになります。前世を具体的に知ることは自分を整え活用する最も近道であり、また、自分が正され、本源に向かっていく本道でもあるのです。

このような生き方が合っていて、前世を知るとうまくいきやすい人、しかもそれを認め、前世を知ることを真摯に求めている人は、必ずや探求しているうちに本当で必要な前世に行き着くことでしょう。

第七章

総括　～悠久の時間軸の中で～

人には誰にでも前世が実際にあり、しかもその影響をこれからの本人とその周りに及ぼしていく以上、その事実を素直に認め、生まれ変わることを考慮して、自己探求、自己認識、自己改善、自己活用に取り組むべきでしょう。人は本当に転生しているのです。だから、そのことを否定や無視するべきではありません。

どんなことでも、まず事実を見ましょう。感情的に「気に入る、気に入らない」「いい、いやだ」、あるいはそれが「正しい、間違っている」「信じる、信じられない」「こうあるべきだ、こうあるべきではない」。そのような観点から動くよりも、「実際はどうなのか」ということを見て、その事実を踏まえてどうするのがよいのかを考えると、おのずと方策が生まれ、あとはそれを誠実に実行すれば、自分も現実も良くなっていきます。

こうして生まれ変わりを前提にして自分探しの旅に出発したら、他の人々が取り組んでいることも尊重し、留意し、配慮しながら、自分のものにも取り組みましょう。自分に焦点を当てて取り組むのですが、周りが見えなくならないように気をつけてください。

それぞれの人の人生に価値があり、まだ生まれ変わりに気づかず、認めていない人でも認めている人でも、広い意味での自分探しと自己改革、さらに、自己活用に取り組んでいることに変わりはありません。

その人の今取っている形は、これまでの前世と現世の中でその人が意図し、作り上げてきた結果です。その人が今どのような形を取っていても、その事実を理解し、尊重し、その人がその人として神のお心に沿って全うされていくように配慮し、自分の旅に取り組んでいきましょう。

宗派や信条、所属団体には意味がありますが、広い目で見れば世界中のすべての人々が同胞です。それぞれの人が、同一の根本神によって創造された兄弟姉妹です。そして歩みは異なっていても、全員が同一の根源へと誘《いざな》われつつあります。今のポジションや形はさまざまであっても、それはこれまでの経緯と神の意図と本人の自由意志によって作られてきたものです。自分とは違い、不可解に感じても、今、一生懸命それぞれの所でそれぞれの取り組み方をしています。全く別の方向に向かっているように見えることもありますが、大局的に見ると、結局は同じ命の本源に紆余曲折《うよきょくせつ》を経てたどり着こうとして、一生懸命に取り組んでいるのです。一生懸命に見えず怠けているような人でも、同じです。表面だけを見ていると真の実態がつかめず、取り違えてしまうことがあります。

前世を思い出すことは、記憶力とテクニックの問題というほど単純ではありません。前世は、天のご計画の下《もと》、霊界との関わりの中で、気づき、明かされてくる性質を持っています。

天のご計画や霊界の動きと相反している場合は、どんなに優れていて努力しても、前世はなかなかわかりません。一方、それほど優れていないように見える人で、それほどのエクササイズをしていなくても、天のご計画の下でその人がその時期知る必要があり、それが本人にも周りにも効果的であると判断されれば、さほど努力しなくても自分で気づくか、知らされるような状況に遭遇します。

リーディングで「私の前世は何ですか」と尋ねなくても、必要なら自動的に告げられたりするのもそのためです。一方、「前世を教えてください」とリーディングで尋ねてもあいまいにしか出てこない場合は、能力者がクリアでないというよりも、受ける側の態勢の出来具合や必要性、現世の学びと目的、霊界の事情による場合が多いのです。

ですが、自分の前世を絶対知ってはいけないということはほとんどないので、長い目で前世探求に取り組みましょう。すぐに判明してこない時は、「まだ今は知るべき時期ではないし、真相が明かされるほど機が熟していないのだな」と捉え、今する必要のある現実の事に向き合いながら、気長に、また柔軟な心で前世探求に取り組めばよいのです。

自分探しの旅は、有意義です。それを「自分探しの旅」と表現しなくても、指し示されている内容自体は、どんな人にとっても欠かせない大切なことなのです。

「自分探しの旅」と表現する必要はありません。しかし、なんらかの表現をしないと伝えようがなく取り組みにくいので、わかりやすく一つの表現手段を取りました。「自分探しの旅」と表現される内容は大切なことであり、どんな人にとっても必要な取り組みです。

自分を理解し、自分を整え、整ってきた自分を活用し、社会を良くしていく一助となる。この取り組みにおいて自分というものを見ていく場合、人が実際に生まれ変わっている以上、前世ということを無視しては、自分の全体を捉えきれなくしてしまいます。事実を否定拒否して、わざわざ自分や他者の可能性を狭めることはしない方がいいでしょう。

時間軸の中で自分を、前世・現世・来世という大きな過去・現在・未来の経過の中で具体的に捉えます。すると、自分が明らかになり、ただ「わかった」ということだけにとどまらず、自分を浄め、修復し、育成して、良い素材に作り上げていくことができます。

また、自分自身のみならず、自分の周りに起きる事や、環境、人間関係などまでも自分が生み出しているものであるとわかると、「君は自分のことだけ探求して取り組んでいるんだ」とは言えなくなります。他者との関係性も含めての自己探求だからです。それは、生きている者の自己責任ですらあります。宇宙創造神とのつながりを基点にして、霊界とのつながり、自然とのつながり、人間社会とのつながりを持ちながら、悠久の時を生命流転してきているからです。

自分が良くなると、自分が生み出している周りとの関わりや、行う事も、良くなってきます。それが、周りのためにもなっていきます。

人間は、単独の存在ではありません。周りと自分とは、つながり合っています。もしあなたの近くにいる何かに困っている人が、自分に気づき、あるいは自分に目覚め、前世を扱って、前世から教訓を学んで成長を遂げたらどうでしょうか。その人が良くなり、その人自身が恩恵を受けるだけにとどまらず、困っていたその人が良くなり幸せになれば、あなたにとってもそのまま喜びになります。喜びは相手のその人自身にとどまらなくなるのです。

自分探しの旅は、利他愛の実践にもなります。「急がば回れ」ともいいます。利他愛を実践し、人様のためになりたいと願うなら、まず自分を見直すことから取りかかりましょう。そして自分が良くなり、良い影響を周囲に及ぼすこと、それこそが大きな愛を行っている姿です。

自分という素材を見直しましょう。そのためには、自分がいくつもの前世を経てきて、今こうしてあること。そこに目を向け、一度前世を振り返って反省し、過去の自分を認識して、そこから教訓を学び取ることです。それが今の現実の意味を悟らせるばかりではなく、現実を良くし、問題を解決させることになります。さらに、これから自分を生かすことで未来をも変えていき、素晴らしい創造がそこから始まっていくのです。

それが、現世編、さらに来世編として前書で述べたことです。過去・現在・未来にわたって生き続けている自分。その自分を取り上げ、なぜこうなっているのか、そしてどんな可能性があるのか。それを、悠久の時の流れの中で自分を掘り下げながら、静かに見ていく機会としましょう。

リーディングを受けるなどして、自分の中の前世が一つでもわかると、他の諸前世もその関連で見えてきます。あるいは、自分の周りの人の前世がわかれば、その人と自分との位置関係やカルマから自分の前世も見えてきます。誰か家族や友人知人の一人でも、その確かな前世が明らかになると、その人と自分との関係から自分の前世の推察がつくのです。それは、グループ転生が生まれ変わりに働いている場合が多く、いもづる式に互いにつながり合っているからです。まさしく仏教で説いているご縁です。

私の場合で言うと、古代エジプトのアクナテン一家が日本の親鸞一家に、そして現世の浅野一家に集団転生したことがわかっています。あなたの周りでも、こういうことが起きているのですが、まだ気づいていないだけです。

前世探求においては、時代と場所が見えてきたら、そこでの自分のポジション、位置取り、役目、立場を特定していくことが決め手になります。職業面だけではなく、家庭面においても同じ家族の中で自分固有の性格、傾向、才能、責任、役割、カルマを見ていくのです。

デジャ・ヴュは一般に土地に対して言われます。しかし、土地以外でも、人、仕事（していること）、服装、食物などに対しても働きます。一方、幼少期の自分のデジャ・ヴュ、記憶、印象を今思い出すことも手がかりになります。幼少期の頃の趣味、遊び、興味、感覚、才能、特技、そして将来に対してどんな夢を持っていたかなど。


今後、あらゆる方面から自分の前世を探っていきましょう。その中で自分を再発見し、深く理解し、自分に対する印象や思いが変わり、広がっていきます。人生が喜びに満ち溢れ、可能性が高まります。人のことも察し、尊び、思いやれるようになっていきます。

人の輪廻転生は無意味なものではなく、創造神の下、周りの人々との関わりの中でカルマを解消し、一人ひとりが形成され、修復し、遂には完成して愛と命の本源へと帰着する生命育成の愛のドラマです。その趣旨と方向で、自分の場合は具体的にどんな経過を辿ってきて、これからはどうなることが求められているのかを静かに見つめていく機会です。

本書をもとに自分でいろいろと調べ、ジャーナルに記入しながら取り組んでみてください。読者の方々の自分探しの旅が幸多からんことを心からお祈り申し上げます。

第八章

「前世を現世に活かす」 ～リーディング事例集～

リーディングのさまざまな事例

人は誰でも、自分を知りたい、探し求めて、見出し、取り戻したいという自分への関心があります。これまでさまざまな視点から、自分探しについてお話ししてきました。

ここでは具体的な事例をいくつかご紹介していきます。これからご紹介させていただく方々には、今回この本を出版するにあたり、ご自身の課題やリーディングの内容を公開することで、同じような課題をお持ちの方々への力づけとなり、またそれ以外の方々に対しても何らかの形で参考となり、お役立ていただけるのであれば、ということでご協力いただきました。このような生き方がカルマの解消へとつながっていくことにもなります。

私ども通常の個人リーディングは45分前後行いますが、今回は事例用ということで25分前後の短いリーディングを行っております。

◇リーディング①

年齢：41歳
性別：女性
2009年10月14日

ソースへの質問：私の前世をお知らせください。

ソース：あなたは前世において、自分が独立していたいという思いが強く、自分が行いたいようにしかできないところがありました。また、ほかの人のことをあまり信ずることができず、いわば自分を頼みにして自分の頭で考え、自分で意思決定し、自分の信念で事に当たっていました。

その意味で自立していた人なのですが、孤立することも多く、その分苦労が絶えませんでした。しかし、自分の中では、苦労をしても自由が欲しくて、拘束や規制を嫌い、自分が思うように生きたかったのです。

人を当てにしたり、人にすがるということはほとんどありませんでした。それによって大変な人生を送ることにはなりましたが、自分で考え、自分で決めて自分の責任で行動するという、考える力や行動に移す能力は身につけました。また、受け身的ではなく自発的で、率先して事に当たるため、有能な人になり、現場で勘も働き、新しい事にもチャレンジする精神を培ってきました。

その意味で、周りの人にとって頼りになる存在であり、よくわからなくてできない人、自信がない人、依存型の人などに対して力を発揮し、教えてあげたり、手ほどきしてあげたり、代わりに行ってあげたりしました。なかなか世話好きで、面倒見がよいところもあったのです。

前世で行っていた事は、さまざまでした。その時その状況で必要とする事を求められ、それに対応してきたおかげで、多種多様な能力と柔軟性を身につけてきました。

人は、大別して二つに分けられます。生まれ変わりながらほとんど一つの事を行い続けてきた人と、それとは対照的に、生まれ変わりながらいろんな職に就いてきた人との二種類です。一つの人生の中においても、一つの事を貫く人と、いろんな職業に就く人とがいます。それと似ています。

あなたの場合は、間違いなくいろいろな職業を変遷してきた方です。その意味で実際的な人になり、いろんな事を行えるようになりました。ということで、今している仕事を前世でいつも行っていたということではなく、ほかにもいろいろ行ってきた人です。

ただ、やはりあなたの特徴はあり、アイデアを活かしたり、物を作ったり、あるいは操作したりなど、アイデアや器用さ、あるいは技術力を活かした職に就くことが多かったです。また、教えたり手ほどきをするなど、教育的な仕事にも縁がありました。教育といっても、現代の学校教育には限られません。要するに、わからなくて困っている人に応じてあげて、手ほどきをしたり手伝ってあげるということです。

前世における家庭面は、縁が薄い方でした。それは、ここまで説明したことからおのずと推察されることです。いわば家庭の安全や安心、あるいは安定よりも、個人の独立と自由を望み、社会において職業を通して自分を発揮し、自活していくことを優先して生きていたのです。

生まれ変わってきた地域や国は、日本を主としてアジアの中国、インドなどです。アジア以外でも生まれ変わっていましたが、日本をはじめとする、特に東アジアで生まれ変わることが多かったです。アジア以外では、古代エジプト、中南米、太平洋諸島などでの生まれ変わりがありました。また、アジアの日本、中国、インド以外では、東南アジアでの生まれ変わりもあったのです。

中国とインドの影響は、同じくらい来ています。それでも日本の影響が最も大きく及んでいます。生まれ変わりの頻度は多い方で、この世に生まれてきて挑んでいく精神は身につけています。また、ピタッと型にはまればチームプレーも可能で、率先して事に当たり、うまく周りと協調しながら自分の役目を果たしてきている人です。現にそれが今、仕事で役立っています。

一方、現世では、家庭づくりや、家庭的な愛をはぐくみ実践していくことも、霊的成長をしていく上で求められていることです。もし自分で結婚して子どもを産んだならば、そのことに責任を果たすこと。それによってカルマも果たされ、成長を遂げられて、現実も困らなくなってくるのです。そのことを身をもって知らされ、事に当たっている人です。

あなたは、その時その時で生きられるものを身につけてきています。しかし、その一方で、家庭を営み、自分が意思決定し、実際に行ったことで出てくる結果に責任をとっていくこと、そしてそれこそが愛であることを、身をもって今学びつつあります。

独立運が強いため自分の意向で動くことが多く、人のことをあまり信用してこなかったので、人にはあまり恵まれてきていません。前世のカルマと傾向をバランス化させるために、人を信頼し、大切にし、その時求められる適切な愛でもってお互いに支え合い、助け合い、育て合うことが、職場でも、また家庭でも必要になってきています。

また、前世でどこか投げやりで、否定的な人間観や社会観をいだいてきました。現世では神様にご縁を頂きましたので、神様の愛を知って、神の愛を見習って人間同士お互いに大きな愛をもって接し、育て合い、活かし合うことが必要です。

あなたは、奥深い意識で以上のことを深く認識しています。そのため、信仰が自分には必要であり、祈りを通して愛をはぐくみ、潤いのある人生を生きて、「よかった」という肯定的な認識や感謝、また、安らぎや静かな喜びを感じられるようになることでしょう。

最近の前世は、日本の江戸時代です。苦労していましたが、周りによく教え、苦難にも耐え、頑張り抜きました。それによって実力と自信を身につけてきている人です。また、それ以前は中世の時代に生きていて、いろんなことに興味を持ち、しかし限界も感じ、それがまた信仰に目覚めさせもしました。

古い時代の日本の前世では、なかなか頭が良く、鋭い精神を持っていましたが、何に関しても人ごとで傍観者的なところがありました。

インドでは、アイデアに富み、器用な人で、周りから感心され、頼られましたが、あなた自身は人との距離を保って生きていました。人が寄ってきてもどこか寄せつけないところがあって、無口でした。

あなたは前世で、上手ににこやかにしゃべっていた時と、無口で考え込む傾向が強かった時と、その両方を体験しているのです。中国の前世でも、人と群れず、距離を置いて、考えたり虚空を見つめていたりしました。しかし必要だとわかればさっと動き、誰よりも素早く適切に処理したり、こなしました。

前世でいろいろ行えた人でしたが、一方、観念的傾向が強かった時もあり、「人生や宇宙のます。

真実は何なのか」と、ちょうど哲学者のように考え、真理を追究していた面もあったのです。それがうまく実際面とつながれば、信仰を通して生きた真理があなたの人生に働きだすようになるのです。その方向で工夫し、生きていけば、現世はあなたにとって実りあるものとなります。

また、自分だけが生きるのでなく、縁のある人のことを思い、育てたり助けたりして、共々に困ることがなく生きていけるように考慮してみれば、あなたの器が大きくなり、成長を遂げられます。「自分だけが苦労して頑張る。人はそれぞれ別である」と、それだけを見ずに、人との共通性もあり、関わりの中で共に生きられるようにすること。それがあなたを成長させ、現状を改善していくことになります。

悲観的、懐疑的に人生や人間や自分を見ずに、互いに信頼し支え合うのです。神がおられることがわかれば、すべてが肯定的に見えてくるように変わってきます。そうするとあなた自身の良さや可能性が出てきて、あなた自身安堵《あんど》感を感ぜられ、心が朗らかになり、生きるのが楽になってきて、「神様、ありがとうございます」と自然と口をついて出てくるような人になります。

前世でチャーミングだった時もあるのです。人受けするように気遣って、愛想のよい振る舞いをしていた時も多かったのです。一人の時は、よく考え込んでいました。「人生とは何だろう」

ということを、人一倍考えてきた人です。実際的に行うことで得られる体験を重んずれば、本当の生きた真理がわかるようになることでしょう。

その時その場で必要とする事に敏感で、それに対応してきた結果、応用力や処理能力、判断力を身につけてきた人です。自信と謙虚さがうまくバランスをとれるように留意してみてください。また、一貫性と柔軟性がほど良くミックスするようにも心がけてみましょう。

人間として生まれてくるということは稀《まれ》なことで、チャンスなのです。生まれてくるということは、神様から再び機会を与えられたということです。ただ生まれ変わってくるのではありません。人はいろいろ行いながら考え、反省し、「もし機会が与えられたら、今度はこのようにしたい」、そのように思うようになります。そこで神様が「では、また機会を与えるから、行《おこな》ってごらん」ということで、人間となって生まれてくるのです。この世に再生してきます。

その意味で、人間に生まれてきたことに感謝し、チャンスを十分に活かしてください。「生きていてありがたい。生かされているんだ」。そのように大いなる存在を感じ、畏敬の念をいだくこと。ささやかなことに喜びを感じ、大切にしていくこと。そうすれば、「当たり前だ」とか「つまらない」とか「どうしてこんな人生なんだろう」という思いがなくなっていくことでしょう。人生がみずみずしくなり、それが周りにも伝播《でんぱ》し、あなたの運を良くしていきます。

前世で、安定よりも自分の思うように生きることを優先してきました。今でもそのような傾向が見られます。それがうまい形で是正され、しかも持ち味がその中でさらに活かされるようにということを、神様はあなたに望んでくださっておいでです。神様と共に、また周りの人たちと共に生きてみてください。

このリーディングで感ずるところ、思うところがあったら、それに留意し、心がけ、生きてみましょう。その中でいろんな気づきがあり、次第に魂が目覚め、朗らかになって、生きる尊さや素晴らしさや意義を、改めて実感できるようになることでしょう。

リーディングを終了します。

Q1：今回のリーディングにより自分の前世を知ることで、どのような気づきや発見があり、あなた自身の内面（考え方・生き方など）にどんな影響がありましたか?

前世での考え方・生き方が、今世での考え方・生き方にとても当てはまる事に驚いています。仕事をする事がとても好きで、わりとほめられる事も少なくありませんが、周りの人を信頼して任せる事ができません。

家庭面においても縁が薄く、2才で母と死別し、養護施設で育ち、結婚もしましたが、4年程で離婚しました。

自分が今世で家庭面や人間関係で辛い部分には、必ず意味があって、人ではなく自分自身が考え方を変えて生きて行かなければいけないという事を改めて気づかせて頂きました。

Q2：今回のリーディングで、現在、課題と感じられていることの解決につながりましたか？

「人を愛する」という意味が、解るような解らないような部分が私にはありましたが、今回のリーディングで理解できました。

「人を信頼し、大切にし、支え合い、助け合い、育て合う」、これが私自身に欠けていた部分です。神様から与えられた人生、大切に生きていこうと改めて思いました。

人は一人で生きているのではないという事を、心に留めて生きていきたいと思います。ありがとうございました。

◇リーディング②

年齢：37歳
性別：男性
2009年10月14日

ソースへの質問：私の前世をお知らせください。

ソース：前世において、生きることが大変でつらいと感じていた苦労性の人でした。実際以上に物事を重く捉え、自ら苦しみを感じてしまうところがあったのです。そうすると現実にも苦しみや深刻度が倍増し、余計にそれを受けねばならない人生になっていったのです。

そのような苦しくつらいサイクルを、自ら作り出したり招いたりする傾向の持ち主でした。真面目といえば真面目だったのですが、生真面目であり、物事を突き詰め、「どうしてこうなのだろう」と深く考えざるをえない性格だったのです。

そのようにして苦労性の人になり、ある程度で済むところをもっと大変にしたり、つらさを増やしたりしてしまって、「結局、人生とはこういうものだ」というレッテルづけを自分でつけてしまう人生を送りがちでした。

その分、追究力が身につき、物事をおざなりにせず、いい加減な気持ちが少なく、とことん突き詰め、正直に関わり合う人になりました。しかし一方、実際面では現実の流れにおいてタイミングを逸してしまい、現実にうまく適合して周りとバランスをとって生きていくことを困難にしてしまいました。

実際的な面もあったのですが、ある意味で鋭いところと突き詰めるところとが合わさったために、「待てよ」というように現実に対してストップをかけ、そこで深く考え込んでしまう人だったのです。「現実がこうだから、ならばこれを受け入れて、対応して進んでいこう」、そのようにはしにくかったのです。「これはどうしてこうなのだろう」と疑問をいだいたり、その理由や背景を知りたくなったり、あるいは「これは改善しなければならない。このままではよろしくない」というように、つい思ってしまうところがあったのです。

また、自分の中にある種のビジョンも持っていて、そのビジョンがあるがために現状に対して疑問をいだいたり不完全さを感じてしまい、「どうしてこうなのだろう」と否定的な思いが湧いてきたのです。

ビジョンを持っていることは素晴らしいことです。ただ、現実は現実で意味や理由があってのものですから、現実を理解し、まずは受け入れて現実からスタートするようにすることで、ゆくゆくはビジョンも実現する運びとなるのです。

どこか極端に見る傾向があり、「成るか成らぬか」「だめになるかものになるか」といったように極端にどちらかに決着をつける傾向があり、現実に柔軟に応じ難く、実際的になりにくい面がありました。高邁《こうまい》な理想も漠然とながらもいだいているので、自分の中で自負心があったり気位が高くなったりして、現状に不満や不服をいだいたり、あるいは自分に対しても厳しくつらく当たったりしました。どこか深刻で、重い人になってしまったのです。

一方、細やかな心や、鋭さや、素晴らしい感受性なども持ち合わせていて、命あるものや芸術的な創造などを愛し、人間の心の機微などにも感ずるものを持ち合わせていた人でした。そのため苦労は多かったし、実際以上に深刻化しがちで、周りからも気遣われてしまったのですが、しかし、物事をおざなりにしませんでしたし、その意味で真摯《しんし》で正直で、誠実でもありました。

何よりビジョンを持っていて、周りの人の大変さもわかり、それを責任をもって請け負い、一緒に対応していき、踏ん張りもききました。その意味で頼りになり、誠実で、素晴らしい人間性も持っていたのです。

しかし、気楽に適当に生きようとする人たちからするとあなたは敬遠されがちで、自分たちの中の何かいい加減なところを見透かされてしまうようで、避けられがちでした。皆、その場しのぎで生きられればいいという考えだったので、あなたは取り残されたり、うまい話もやってきにくく、おのずと苦労の多い人生となり、自分の真剣さや努力、良い持ち味などが活かされる機会が少なくなってしまったのです。

器用でない生き方を持っていたのです。しかし、真面目で誠実で、真剣そのものでした。宇宙や人間について考えを深め、真実を追究し、「本当はどうなのだろう」とよく考えていたものでした。そのように、どこか深刻で悲壮感を漂わせながら、真面目に誠実に、考えながら生き抜いていた人です。

生まれ変わってきた所は日本が多く、日本以外では朝鮮半島、中国、モンゴル、チベット、ロシアなどです。

辛抱強く、健気《けなげ》なほど真面目で、物事をきちんと考え、処理する人でした。しかし、真面目で能力もあり、誠実である割には報われず、苦労の多い人生でした。自分でわざわざそのようにしてしまうところがあったのです。

極端な傾向があるので、ものになるかだめになってしまうか、どちらかになりやすく、その意味でカルマ的な面があるのです。カルマ的なものを引き寄せ、思わぬ事態を招いたり、人生が劇的に変化したりしやすかったのです。平凡で淡々とした人生や、楽で楽しい人生は少なかったです。それはどこかであなたが自ら選び、作り出してきたものなのです。

自分で納得しないと動かない頑固な面、一途《いちず》な面もありました。その分、自分で「これは必要で、大事なことだ」と思えば、大変で苦労が多くても逃げたりごまかしたりせず、行い続けられました。

前世で行っていた事はさまざまです。しかし、今のように職がなく、考え込んだり思索にふけっていたこともありました。前世で職に就いていないことは何度かありましたが、ただ、一般の人たちと異なるのは、楽をしたいとか遊びたいとか、不真面目であるとか、人生を逃避するためであるとか、そういうことで職に就いていなかったのではなく、真面目で真剣すぎて周りから孤立したり、敬遠されたという理由がほとんどでした。さぼりたいとか、体が弱いからとか、意志薄弱だからとか、人間的に信用が置けないから、そういった理由で職がなかったという人ではないのです。そういったパターンを、生まれ変わりの中でくりかえしてきています。

それでも、うまくはまると手腕を発揮し、重要なポジションを与えられ、立派に責任を果たして、躍動感さえ感じさせる人でした。ここでも「伸《の》るか反るか」といったように、全くだめか大きく活躍して貢献するか、どちらかだったのです。

程々とかバランスとか、中道などということは苦手で、もともと半端は嫌いな方だったのです。しかし、中道と半端は違うことを知らねばなりません。半端はよろしくありませんが、中道は理想的なのです。

その識別が、あなたの中でまだできていません。そのため自分で今「中途半端だ」と感じるような状況を招いているのです。あるいは、神様があなたに対して「中途半端だ」というあり方を与え、あなた自身に体験を通して考え、大事なものを身につけ、乗り超える機会を下さっているのです。

前世で中途半端を嫌い、物事を突き詰め、「左か右かに徹底したい」、あるいは「否定か肯定のどちらかに徹底したい」「人でも物事でもどちらかに分けたい」、例えば「人は味方か敵かで分けたい」「人生は勝ちか負けか、成功か失敗で分けたい」。そのような極端なところがあったので、かえって今、あなたは自分が中途半端だと感ずる状況をもたらしてしまっているのです。

前世で極端を好んだため、生まれ変わった現在、どちらの極端にもならず、自分が中途半端だと感ずるあり方をもたらしてしまっていることに気づきましょう。しかし、これからどちらかの極端に向かうのではなく、中途半端を調和と中道へと高めていくことが求められていることに気づいてください。

徹底してどちらかになる、それであなたは納得したり安定するところがありますが、それでは前世のくりかえしに終わるだけです。むしろ中途半端を喜び、しかしそれに甘んぜず、そして無理をしたり慌てたりせずに、次第に調整をし、ある意味で平凡な中に、あるいは当たり前の中に真実があることを認識し、ささやかに生きることを喜びとすることが求められているのです。

「なぜ今の家庭であり、家族なのだろう」と、あなたはそのように、その理由を知りたく思っています。それにはいろいろに答えられますが、一つは、あなたが「ささやかで平凡な中に幸せや奇跡もある」ということを認識するためです。

前世で意欲的で、野心家であった時もあり、「平凡はつまらない」と見なすところがありました。しかし、現世では普通の現代の平均的日本の家庭を与えられています。そこに意味があるのです。

それに気づければ、仕事も手近な所でできる事を見つけられます。その際、それを「たまたま見つかったり、就けるようになった」ものと見なさずに、「神様の愛によって、その時点のベストな仕事が自分に授かった」と捉えるのです。そうするとありがたみが自分の中に湧いてきて、そのあなたの波動が周りに伝わり、あなたはうまくやっていけるようになるのです。

前世の時と異なり、「あぁ、こういう平凡でありきたりに見える仕事なり家庭が実は奇跡であり、ありがたいのだな」と思える心境になってきます。そのようにして極端をバランス化させ、安らぎ、あなたの中に柔らかくて穏やかな心が宿ります。

前世で、負けず嫌いで闘争心があることもありました。前世でガンガンやっていて敵を作り、恨みを買ったこともあり、失脚させられたり、事業が失敗してつらい思いも味わいました。そういう体験が身にこたえ、懐疑的で深刻な人になっていきました。しかし一方、へこたれない人にもなり、少々のことではめげない強さや、現実を生きるたくましさや勘も前世で身につけました。

最近の前世は、日本の北海道開拓時代です。江戸〜明治時代の頃です。あなた自身は、その前世で先見の明や力強さを養いました。現世でそれを活かし、これからも励んでみてください。

リーディングを終了します。

Q1：今回のリーディングにより自分の前世を知ることで、どのような気づきや発見があり、あなた自身の内面（考え方・生き方など）にどんな影響がありましたか？

最近は心が不安で、迷いがあり、焦っていました。そのような気持ちの中でリーディングを受けさせて頂きました。

今までも出来事や気持ちを前向きに捉えよう、受け入れようと思い、一時的には受け入れる事が出来ても、またすぐになぜなのかな？　と悩んでしまったり、やっぱり受け入れる事が難しく思っていました。でも今回前世を知ることで、なぜ今の気持ちの状態なのかがよく理解できました。とても安心することができました。

自分がなぜ中途半端なんだろうって悩んでいたことも、その事で大事なものを身につけ、乗り越える機会を下さっているのだと捉えることができ、今までとは全く違う感じでその事を受け入れることができました。今までにはない前向きな気持ちが沸きあがりました。

本当に今回リーディングを受けさせて頂きありがとうございました。

Q2：今回のリーディングで、現在、課題と感じられていることの解決につながりましたか？

現在、会社が閉鎖し失業中で就職活動をしている状況です。なかなか決まらずにいましたが、でも今回リーディングを受けその中でささやかで平凡な中に幸せや奇跡があるというようなことを言っていただき、平凡で、当たり前で、ささやかに生きることを喜べるために、そのような思いで仕事も探して行きたいと思います。ありがとうございました。

◇リーディング③

年齢：40歳
性別：女性
2009年10月14日

ソースへの質問：私の前世をお知らせください。

ソース：前世において、物事を途中で諦め、放棄してしまったことが何度かありました。持続力と一貫性が足りなかったのです。そのため、心も生活状況も不安定になりがちな人でした。なかなか心が定まらなかったため、自分の周りもそれ相応の動きになってしまったのです。しかし、それがわからなくて、「どうして自分の心も生活もままならず、安定しないのだろう」といぶかしがり、ますます心が不安定に陥って、生活も改善されないままであったことが多かったのです。そのようなパターンを持ち越しています。

良さとしては、朗らかで、時にはひょうきんでユーモラス。周りを楽にさせたり楽しませたり、喜ばせる人柄だったところです。その場の雰囲気を良くする特質を備えていたのです。しかし、それがあまりに軽く、一時的な人受けするようなものだと、あまり持続性がなく、本質まで環境を良くする所には至りませんでした。

それでも、心が生き生きして伸び伸びし、周りの雰囲気をパッと転換させることのできる人だったのです。それは考えて行うというより、あなたの特質に基づく天性のものでした。生来明るく朗らかで、心が伸び伸びした人だったのです。そのため、周りの人をほっとさせたり、楽しませたり、楽にさせることができました。そうすると周りから求められ、支持され、目立たなくても人気者として周りから歓迎されていました。

しかし、ある程度その辺りから入っていって人間関係やお付き合いが始まり、深まってくると、それ以上のものがないと見なされ、人が遠のいていったり、また家族になった場合は家族に本質を知られ、そうなるとあなたもそれを察知して、怒ったりいらいらしたり、落ち込んだりしました。

前世においての傾向として、家の外で人受けするように振る舞い、家の中ではむっつりしたり、いらいらしたりして、家族とうまくいかなかったりしたことがあったのです。

また、その場の思いつきなど、その場しのぎの発想や言動が多く、真の解決につながらず、後で困るようになることがありました。よくその場で事態を見極めて、適切に対処し、問題解決を図ることが必要だったのですが、それが苦手でした。雰囲気やその場の勢いで振る舞って、それでおしまいになりやすかったのです。

何とかそれで切り抜けられればよかったでしょうが、現実はそうはなりませんでした。それで、後で困ることがだんだん増えてきて、それが積み重なり、自分が行き詰まりました。そうなると、それを他者のせいに転嫁し、自分が被害者になって、いらいらしたり、落ち込んだりしがちでした。そのようなパターンを、前世から持ち越しているのです。

現実の典型は、お金です。前世でも、お金のことで何とか切り抜けられるかと思って適当に振る舞ったり、その場で対応しましたが、分別がないままに行《おこな》って、後で損失が出て困ることが何度かありました。

生まれ変わってくるということは、また機会を与えられたということです。今度はうまくできるかどうか試され、また、うまくいくチャンスを天から授けられたということです。そして本人に求める気持ちがあり、「今度はうまく行おう」という切実な思いやその必要性があれば、リーディングなどで前世が明かされ、与えられたチャンスを着実にものにすることができるのです。

それが「生まれ変わって前世のカルマを果たし、現世の使命を遂げる」ということなのです。

そのようにして、生まれてきた目的を神様のお心の方向で着実に遂げていくことが叶います。

前世でどこか「どうにかしなければ」という気持ちはあったのですが、なぜこうなっているのか、そしてどのように対応したらよいのか、正直よくわからなかったのです。それで自分もパニックに陥り、困って、解決がつかなかったということが多かったわけです。それが重なり、心配から現実に対応する傾向も出てきました。

現世では「責任」がキーワードです。前世では、責任ということがよくわからなかったのです。現世では責任を学び、責任をとるということに力点を置いてみてください。それが、より良い来世への礎石となります。

前世では責任ということがよくわからなかったこともあって、責任を避けがちでした。また、周りの誰かのせいにしがちでした。一体どうしてこうなったのか、よくわからなかったので、悪気がなくても誰かのせいにしたり、あるいは「不運でこうなってしまった」と思いがちだったのです。ですから対処の仕方もわからず、解決につながりにくかったのです。

現在においては、現実をしっかり見定めるということに留意することが必要です。前世の生き方や傾向に照らして言えることです。

「学習」ということも、あなたにとってのポイントです。体験によって出来事から知らされたことから学ばず、何遍でも同じパターンをくりかえしがちで、学習してクリアし前に進むということが起きにくい、空回り状態が多かったのです。

それゆえ、よく落ち着いて周りや自分自身を観察し、なぜこうなったのか、その背景や由来を把握することがまず必要です。そのためには気持ちを落ち着け、平らな目で観察し、客観的に事態を正しく理解しなければなりません。そして、気をしっかりもって知恵を働かせ、周りに対応することで、事態が改善されていくのです。

計画性ということも、前世で苦手でした。前世で起きた事から学習する、身につけて、それを踏まえて次の事に取り組むということがあまりなされずに、同じパターンをくりかえしてきているのです。これは、複数の前世でくりかえされてきているあなた固有のパターンです。

しかし、生まれ変わりながら少しずつ思い当たることが出てきて、現在ではだいぶ理解され、内省心や反省心も生じてきています。しかし、今度は反省心が募りすぎて、現実に行動に移して対応する面が出にくくなって、つらくなっています。少しずつ実行に移すということで、反省することと確信をもって元気よく行うこととのバランスが必要になってきている現状です。

前世の反動で、「反省しなければならない」という思いが募りすぎて、かえってうまくいきにくくさせてしまっています。前世ではパニックに陥ることが多く、内省するということは少なかったのです。

生まれ変わってきた所は日本が多く、日本以外では中国や南ヨーロッパで生きていた前世の影響が来ています。

失敗や苦労続きの人生が多かったですが、それでも一方では周りを和ませたり、楽にさせたり、笑顔で朗らかに接して周りに潤いをもたらし、ほかの人に希望や喜びを与え、とても優しく応対してあげてきました。それが今の職業でも、また子育てでも役立っています。

あなたのほほえみや優しさと、そこから出てくる波動には素晴らしいものがあります。それだけで周りに安らぎや癒し、慰めを与えてきています。前世からサポート上手なところがあり、うまく事態に介在して事態を和らげたり、人を支えたり手助けしたり、時には導いたりして、苦境を脱せられるように関わってきてあげています。困った時にあなたがいて、大いに助かったことは、生まれ変わりの中で多かったのです。

弱点はすでに描写されたように、軽はずみで後先考えず、その場の勢いで決めて行動し、実は自分で招いたことなのに、運命のせいや身近な誰かのせいでそうなってしまったと誰かを責めてしまう、そういうパターンです。しかし、さすがにそれが違っていること、自分に原因があることに気づくようになってきました。

その場の雰囲気もいわば生きもので、大切にしてよいのですが、しかし、「その場受けすることでサラッと通り過ぎれば、問題はない」と軽く捉えすぎて生きていたのです。そうするとつけが回ってきて、それがある程度の量に達すると身動きがとれず、対処して乗り超えないと先に進めない状況になってしまうのです。

また、自分がそのようなパターンを人生に採用していると、似たような弱点や課題を持つ人を引き寄せ、夫婦になったり仕事で関わったりするようになるものです。そうなるとますます相手のせいに見えてしまいます。

まずは現状を認識し、受け入れることから始めましょう。そして、前世からの傾向と由来を、この機会に見定めましょう。あなたはそのレベルまで上がってきています。さすがに前世のパターンに懲りて、「どうにかしなければならないし、どうにかしたい」と切実に思うようになってきているのです。あなたの中に「熟慮」という得がたい内的果実が形成されつつあります。日本の鎌倉時代に生きていたことがありました。その時に、人受けして明るく、朗らかな人でした。周りを和ませ、病んでいる人や落ち込んでいる人に潤いをもたらしてあげていました。しかし、「どうにかなるよ」と安易に捉えすぎる節《ふし》もあり、物事を軽く捉えて「どうにかなる」と済ませる傾向も持っていました。そのため、後で自分も困るし、あなたが助けようとした相手の人も困ることになったりしました。

それでも、素直で正直で無邪気だったので、神様や仏様には見捨てられず、あなたの良い影響や働きも手伝って、その福徳で、困ることはあっても周りから助けの手が及び、生きていけました。また、信仰との出合いもあり、内省心も少しずつ出て、現場で勘が働いたり、人を配慮し、尊び、思いやりをもって接することの大切さを知らされました。

日本の飛鳥時代にも生きていました。愛想がよく器用で、何でもできました。手芸、調理、人の手当てなどです。芸術的なことも愛好し、心や感性に素晴らしいものがありました。しかし、難しいことや深刻なことは回避しがちで、先送りにしたり人に振ってしまったりして、自分は引き受けない傾向がありました。困難なものは苦手だったのです。

前世で、心が不安定になりがちでした。これは、どこか特定の一つの前世ばかりでなく、生まれ変わりの中であなたにほぼ共通に見られる弱点だったのです。心にむらがあり、いらいらしたり、また、待てない、忍耐することが苦手でした。しかし、快活で、苦労や大変さを吹き飛ばす天性の持ち主でもありました。

前世から持ち越している弱点や課題がクリアされてくれれば、あなた本来の持ち味がもっともっと活かされるようになります。そして重要なことは、弱点や課題やカルマと、長所や才能や持ち味とは、別々の相反する二者ではないということ。つまり両者はＯＮＥであり、短所や課題が理想へうまく振り向けられ、体験を通して自分の中で調整されてくれれば、全部が活きてくるようになることです。

あなたはシンプルで、それができるのです。分析型の人ではなく直感型の人です。現場で対応する力も備えているのはそのためです。

前世で多くの人を助け、救助してきました。その福徳によって、いろいろあっても今に至るまでほぼ保障され、無事安全に生きてこれています。天真爛漫《らんまん》な面と、むら気のある面とを併せ持った魂なのです。

以上を踏まえ、現世をさらにより良いものにしていきましょう。


リーディングを終了します。

Q1：今回のリーディングにより自分の前世を知ることで、どのような気づきや発見があり、あなた自身の内面（考え方・生き方など）にどんな影響がありましたか?

前世から持ち越している課題がはっきり解りました。

自分の過去を振り返ってみると思い当たることばかりで、前世と同じパターンを繰り返してきているなあ、と改めて思いました。

「全ては他になく己にあり」と理解していたのですが、本当の理解ではなく、他者のせいにしている自分がいることを思い知らされました。

今、さらに深いところまで自分を掘り下げていく作業をしています。

全て、自らが起こした事の結果であり、神様が介在して下さり、超える道をお与え下さっているのだと、心より感謝をしながら、事に当たっていきたいと思います。

自分の感情に流されず、振り回されず、行動に移していくことで、何かが変わっていくように思います。

また、しっかり自分と向き合って、課題をクリアしていくという決意がないと何も成就しないのだと感じています。前向きに取り組んでいく決心がつきました。

Q2：今回のリーディングで、現在、課題と感じられていることの解決につながりましたか？

今あるいくつかの課題の解決の糸口がつかめたように思います。

自分の心が不安定で思いと行動が伴わず、本当の決心が出来ないでいました。

自分の感情をコントロールすることが重要だと感じています。

今も、これからも心の葛藤はあるかもしれませんが、諦めたり、放棄することはやめよう。

全てに「責任」をとっていく、という生き方をしようと決心しました。

妻として、母として、嫁として、親の子として、社会の一員として、やるべきことをただ当たり前にやる、ということを癖づけしていこうと思います。

今回、この機会をお与え下さったことに深く感謝いたします。

ありがとうございました。

◇リーディング④

年齢：30歳
性別：男性
2009年10月14日

ソースへの質問：私の前世をお知らせください。

ソース：前世において、有能で頑張り屋の人でした。辛抱強く、するべき事に継続的に当たっていました。

また、優しい心の持ち主で、奉仕的な業《わざ》にも努め励みました。純粋な心を持つ理想家でもあり、芸術や文学など、心に関する分野に興味を持ち、感傷的になることもあって、感動して涙を流すこともありました。心と感性が発達していて、感じやすい性格だったのです。

それでも我慢強く、するべき事にはうまずたゆまず取り組み続けていました。軽やかな気持ちで現実に対応していたというより、我慢しながら一途《いちず》に取り組んでいた人でした。

純朴でおっとりした人柄の中に細やかな心と感性を備え、また、理想が気高く純粋だったため、自負心やプライドも宿っていました。有能でうまくいっていて、家庭環境などに恵まれていた時は、やや調子づいて気位が高く、人を軽く見る弱点がありました。

前世で行っていた事は、科学技術の分野、医療や福祉の分野、芸術の分野などが多かった人です。建築やデザインに関わっていたり、医療関係の仕事に従事していたり、介護の仕事に就いていたりしました。優しい心と奉仕熱心な面が前面に出た時、また、理想に純粋に向かっていた時、そのような生き方でした。

前世で生きていた国や地域は、日本をはじめ、中国、モンゴル、チベットなどでした。それ以外では古代エジプト、アフリカに生きていたこともありました。しかし、多くはアジアに生きていました。

サポートをする役目が多く、辛抱強く事に当たっていた人でした。純粋な心で、また勘も働き、科学や芸術、またイメージを活かす分野などで主に自分を活かしていました。人間の体と心に興味を持って、癒したり回復させるために、生きがいを持って取り組みました。

生物学的なことに興味を持って、生きものの世話や生きものの治療などに役目を見出していたこともありました。今で言う動物病院の獣医だったことがあります。また、獣医でなくても、動物や家畜などの世話、また、動物以外の植物や穀物などの栽培、農業などにも関わりました。品種改良などにも才能を発揮し、動物でも植物でも、選《え》りすぐられた、元気で優れた生きものを作り上げ、育てました。生命に関わる仕事に多く従事していたのです。植物栽培や園芸などにも関わりました。

人の生活と心を豊かにし、また、慰めや癒しを与えてきた人です。困った人や病んだ人を放っておけないたちで、おのずと困っている人や病気の人、元気のない人に出会いやすく、それらの人たちのために尽くしてきました。自分が奉仕に興味を持ち、役立ちたいという思いがあると、おのずとそのような人を引き寄せるものなのです。現在、あなたの妻が精神的な疾患を患っているのも、偶然ではありません。

あなたは、楽をしたいとか、ただ自分の適性に合った仕事をしたいという以上に、「もっと役立ちたい。そこにやりがいを見出したい」「どうせなら意味のあることをしてみたい」、そのような思いが募るのです。「今自分がしていることにはどのような意義があり、自分は実際に役立ちつつあるのだろうか」と、自問自答するところがあるのです。

ただ向いているとか、人より優れるとか、世間的に成功するとか、まして楽して得するなどということとは、前世で考えたことがほとんどありません。そういう人生はあなたにとって生きる価値がなく、元気が出ません。自分自身が癒されなくなってしまいます。

少々大変であったり向いていないことでも、人様や社会や自然の命などのためになることなら励める方でした。医療関係、建築関係、インテリア関係、植物栽培などの仕事を前世でこなし、また、今で言う生命保険の会社に勤めたり、役所に勤めたり、金融関係で働いたり、体や心に興味を持つ詳しい人でした。

また、何よりも愛情を欲し、人との形式的な関係は好まず、親身になりたい人でした。愛情ということに敏感だったのです。「人に愛情を与えたい。自分も時に愛情を欲しい。そうでないと元気が出てこない、慰められない」。そのように、愛情を殊の外大切にする人でした。「形式的、機械的、表面的な関係ではとてももたない、そういうことでは人間はいけない」と常々感ずる人でした。

文学や演劇やドラマなどにも興味を持ちました。何より人生を、人間ドラマの模様として、意義深く温かく生きることを切に欲していました。「そうでなければいけない」といつも感じていました。

霊界にいた時も、感情をじかに感じ、また感傷に浸ったり、過去のことを悔やんで反省したりして、来世に備えていました。あなたにとっては、あの世にいた時もこの世にいた時も、気持ちの問題が大事だったのです。

そのような心の印象の影響を受けて、今、生きている人です。過去の出来事や体験から影響を多く受けやすく、それを大切にするし、また、それだけに引きずりやすく、割り切って処理して転換を図るということもなかなか難しく、時には長く落ち込んでもいました。

前世で、感情が上がったり下がったりしやすい傾向も見られました。また、人と自分との共感を感ずる心が大きく、お互いに同じ思いを味わうことに価値を置いていました。

モンゴルに生きていた前世では、家族と動物たちと、皆一緒に生活していました。それがあなたにとって、とても心温まるあり方でした。独りぼっちとか、それぞればらばらとか、それぞれでいいんだとか、そういう捉え方はとてもできませんでした。

また、動物は逆らわないで忠実なので、動物で癒されました。家畜たちです。牧畜生活を営んでいました。自然の命を感ずる時、心が純粋になり、時にロマン的な思いが湧き上がりました。また、家や牧場を修理したりデザインしたり、アイデアも豊富で手先も器用なため、物を作ったり直したりすることも巧みでした。また、自然の命をかわいがり、守り育てました。

中国に生きていた前世では、物知りで、勉強熱心でした。読書家であり、古典なども読みました。また、人の話にも熱心に耳を傾け、物語やドラマや教訓話などに感心したりしました。人に教え、言って聞かせてあげることもしました。悩んだり落ち込んでいる人を放っておけず、共に同じ心を味わうこと、喜びも悲しみも分かち合うことに、人間と人間が共に生きる意義を見出していました。

古代の日本に生きていた前世では、一人遊びが好きでした。純粋でした。また、賢い人でもありました。しかし、人見知りするところがあり、誰とでもうまくやっていくということは苦手でした。傷つきやすい面もあり、純粋で単純でもあるので、うまくいったりほめられると喜び、うまくいかないとそれをすごく意識して、なかなかうまくいきにくいところがありました。それに悩み、そのうち人生や神様について思うようになっていきました。

日本の中世の時代には、職人でした。家や生活用具を作っていました。真面目で辛抱強い働き者でした。

江戸時代の日本の前世では、文化的な趣味が豊富で、心の人でした。知識や技術もたくさん持っていました。しかし人間関係でやや苦心し、うまくいかないと、意識したり落ち込むこともありました。でも、陰で努力し、頑張って行《おこな》ったため、生きていくことができました。

身内の愛情面での関係には気を遣いました。それに関わる出来事や状況には敏感に反応し、自分の心が揺れ動きました。そのような時、神社やお社などの前を通って手を合わせ、必死に懇願したり、祈りを捧げ、助けを求めることもする純粋で素直な面がありました。

お調子づくところと落ち込むところとがはっきりしていて、それだけ純粋で子どものような無邪気な面があったのです。そのような自分の面は人に知られたくないと思い、包み隠していました。そして、取り繕うようにしていました。それを知られるのが恥ずかしく、自分で負い目を感じていたのです。そのため、感情を押し殺し、無表情に見せたりもしました。

古代エジプトに生きていた時に、科学技術の感性を磨きました。天文学や測量技術を学び、さらに建築学やシンメトリーの幾何学の法則や、それが美術にも応用されることを知って、驚き喜びました。

チベットに生きていた前世では、家族と共にありました。

以上のような経緯を経て、今日に至っています。あなたは、温かく優しい純情な心を持って、周りの人と共にこれからも生きていくことでしょう。


リーディングを終了します。

Q1：今回のリーディングにより自分の前世を知ることで、どのような気づきや発見があり、あなた自身の内面（考え方・生き方など）にどんな影響がありましたか？

私はこのリーディングをしていただく前までは、前世は多々悪い事があったもしくは悪い事をしていたものだと根拠もなく思っていました。

しかし、お知らせいただいた前世は思っていた以上に良き前世だと思いました。

その中で今回のリーディングで学ばせていただいた事は、つらい事や悲しい事、うれしい事楽しい事、どれもすべてひっくるめて幸せに感じる生き方があるんだということでした。

生きていると大変なことや嫌なことがあるけれども、幸せの中のひとつで良いんだと感じることができました。

Q2：今回のリーディングで、現在、課題と感じられていることの解決につながりましたか？

妻が精神病を患っている事で、時折一緒に乗り越えられないかもしれないと考えてしまう時があります。

今回のリーディングの中に、「今起きている事は偶然ではない」とありましたので、なるべくしてなっているとわりきれる事ができ、今できることを取り組もうと、改めて思う事ができました。

この先、また乗り越えられないと考えてしまう瞬間があった時に、また取り組もうと思えるきっかけになりました。

◇リーディング⑤

年齢：41歳
性別：女性
2009年10月14日

ソースへの質問：私の前世をお知らせください。

ソース：前世において、明るく大らかでしたが、頑固一徹でむきになる面もありました。物事に真剣に一途《いちず》に取り組む姿勢には健気なものがありました。あっけらかんとして、素直で純粋な人でした。やや柔軟性には欠けていましたが、物事や人から言われたことを真に受け、そのまま受け止めるくらいに素直で正直な人でした。うそをついたり隠し事をしたりせず、オープンで真っ正直でした。また、世話好きで面倒見がよく、特に家族に対しては親身になって、物事に一生懸命挑み続けていました。その姿勢は健気なほどでした。

そのように、目の前の事に一途に、一心不乱な気持ちで着々と無心になって取り組む人間を思い浮かべてみてください。それがあなたの前世の姿なのです。いつでも目の前の事に真剣勝負で、手抜きをしたりひねくれたりせずに、本当に全力投球で当たっていたのです。とても前向き、建設的な人でした。行うからには一生懸命、意欲的に事をなし、スローガンを掲げるのが好きで、予《あらかじ》め周りの人に宣言し、そしてそれを自分にも言い聞かせて、自分をセットする特徴がありました。何となく行うとか、自然体で行うという人ではなかったのです。やるからには本気であり、中途半端な気持ちやおざなりな気持ちで行うことはできませんでした。

人の気持ちを察するのはやや苦手な方で、自分の信念や考えややり方を持っていたので、「自分はこうしたい、こうする」というところに焦点が当たっていて、ほかの人を感じ、考慮しながら柔軟に合わせて実際的に滑らかに進んでいくということは苦手な方でした。

仕事をするのでも、家事仕事をするのでも、恋愛をするのでも、本気でした。一途に思ったり行ったりしたので、相手の人が戸惑うほどでした。

あなたは、とにかく行ってみて確信をつかみたい方でした。一度決めたら気短《きみじか》な方で、居ても立ってもいられず、すぐ始めました。寛容なところと気短なところとがあったのです。

献身的な人でした。前世で行っていたことは、家族の世話をはじめ、医療関係の仕事や物作りの仕事がほとんどでした。人の世話をして面倒を見てあげることをよく行っていました。

前世で生きていた所は、日本と共にインド、南ヨーロッパ、古代エジプトなどです。そのほか中南米や中近東に生きていたこともありました。

大変意欲的で純粋で、一途でパワフルで、関わる人をも鼓舞激励し、建設的に当たっていったので、皆が希望を見出せたり、「やれそうだ」という思いになりました。

また、スピーチなども得意で、周りに感化を及ぼしました。声を使ったり手を使うヒーリングの仕事に就いたり、美容の仕事に就いたり、人のお世話をしたり、明るく輝いて活気があり、活躍していたことが何度かありました。

南ヨーロッパに生きていた前世では、明るく朗らかで、オープンな性格でした。家の中を整えるのが好きでした。家の中をきれいに設《しつら》えたり、家族や招いたお友達に紅茶を作って出してあげたり、一緒に飲みながら楽しく語り合ったりするのが楽しみでした。

「人生とは何か、生きるとは何か」。そのようなことも時に話題に出て、あなたは自分の思いを時に堂々と述べました。あなたの話には力がこもり、説得力がありました。しかし、はっきりしているので、あなたの考えや信念に賛同する人と反対する人とに完全に二分されました。

あなたは「自分の考えが優れていて、絶対に正しい」と思っていました。「ほかの人のもそれぞれ一理あり、価値もある」とはなかなか思えませんでした。それで、どうしても同じ考えややり方の人と一緒になりやすく、そうでない人とは融通をつけながら適当に折り合って共存していくことができにくいところがありました。同じような人とだけ、一緒になりやすかったのです。

「人にはそれぞれの背景があり、タイプもある。そこからいろんな価値観や生き方ややり方が出てくる」と捉えることが、現世で必要になってきています。そうなるとあなたの世界が広がり、あなたの良さや可能性も、もっと出てくるようになるでしょう。

前世では、一途で、時に一方的なところがあったので、純粋で良いものがあり、一生懸命人のためにと思って尽くしたり関わったのですが、現実の中で限界に直面し、悲しい思いを味わったことがあったのです。

南ヨーロッパの前世でも、家族や友達と楽しく語り合って過ごしていて、意気投合した時は盛り上がりましたが、あなたの意見や信念に従わない人とは難しくなりました。反応がプラスかマイナスか、はっきりしていたのです。出てくる結果がはっきり二分していました。あなたは正直で純粋すぎたのです。いつも前を見て、前のめりに生きて頑張る。そうでないと頑張れなかったのです。

古代のエジプトに生きていた前世で、多くの学びがありました。神様のこと、芸術的なこと、健康や美容に関すること、命に関すること、人間が生きる意義や目的など、多くの収穫がありました。

インドに生きていた前世では、内省し、心を整え、精神統一をしたり、自分や周りを感じてみることが習慣となりました。それによって落ち着き、神秘的でしっとりした面が備わりました。心を統制したり、平静に保つ訓練ができました。物事の本質を感じたり、把握できるようになっていきました。気持ちを落ち着けて正しい意思決定も行えるようになりました。しかし、やや慎重にもなりました。また、忍耐という衣も身につけ、必要なことはいやなことや向いてないことでも受け入れて、耐えたり対応していくことを行うようになりました。

今から千四百年ほど前の日本の前世では、現在の大阪に住んでいました。瀬戸内海を通って中国や朝鮮半島との貿易が活発で、人も物も文化もやってきて、いつも活気がありました。あなたは好奇心が旺盛《おうせい》で、学んで納得したり、体験して理解を深めたりしました。人間が生きていくことや、お互いの関わりでできることなどに、気づいていきました。

今から千百年ほど前の日本の前世では、祈祷《きとう》をしたり、修行や鍛錬に興味を持ちました。そこでも人間が生きる意義や人間の価値について自分で問いかけながら、ひたむきに生きていました。

今から八〇〇年ほど前の日本の前世では、関西の南部に住んでいました。多くの人と物心両面にわたって分かち合い、情報交換をして啓発され、一つひとつの事に当たり、乗り切っていきました。少しずつ成長し、自分が磨かれることに意義を感じ、大変でも挑む価値があるとわかってきました。

現世においては、自分のことと周りの人のこととの両方を考慮しバランスよくこなしていくこと、または工夫すること、無理をしすぎないこと、余裕を持つことなどが留意点となっています。過去に体験した事から学び取るとともに、その時その場で思い浮かんだり知らされることにも留意して、対応していきましょう。そのように生きることで、来世の展望が開けてきます。

生まれ変わりの中で、健気なほど一途に一生懸命目の前の事に当たってきた、そのひたむきさは、あなたの素晴らしい点です。それが周りの人の心を動かし、助けられたり、道が開かれてきました。あなたもまた、周りの人のためにできる事を一生懸命行い続けました。

そのことを軽く見てはいけません。その時その状況でお互いにできる事を行い、それが少しでもためになれば、そのことを評価するとよいのです。

一つひとつを励みにして取り組んでいけば、気づいた時には大きな困難も乗り超え、成長を遂げていきます。その全体を神が司《つかさど》り、導かれます。一つ、また一つと取り組み、乗り超えていくこと。小さなことを大切にして励まし合い、信頼し合って共に取り組んでいく意義を確認してください。投げやりになったり、放棄しないことです。ともかくも少しずつ学び、身につけ、乗り超えてきたからこそ、今の状況や自分のあり方が実現しているのです。

あなたは人を励まし、「やれる」という思いをいだかせてきているのです。「今頑張れば必ずやれるから、一緒に励もう」。そのようにあなたは周りの人を鼓舞激励してきています。それが前世からのあなたの体験に基づく信念であり、周りの人に伝えるべきメッセージなのです。

あなたの言葉には、迫力があります。あなたの目にも優しさと力があります。あなたは、生命を生きたものたらしめる不思議な力を帯びています。

それゆえ、すぐにうまくいかなかったり認められなくても、動揺しすぎないこと。検討して見直し、また現状の中で行ってみることです。なぜならあなたは周りに希望と指針をもたらしているし、同時にそれは自分にも言い聞かせている必要なことだからです。

大きな目標を設定しながらも、小さな目の前の事を着実にこなしていけば、いずれ大きな遠い目標も達成されます。あなたは、周りの人に身をもってそのことを示していくことでしょう。個人性と社会性を一体化する方向で励んでみてください。


リーディングを終了します。

Q１：今回のリーディングにより自分の前世を知ることで、どのような気づきや発見があり、あなた自身の内面（考え方・生き方など）にどんな影響がありましたか？

今のまま、目の前のことを一生懸命やっていけばいいんだと確信ができました。
そして、これからは、周りの人のことを思い、余裕を持って生きることを心がけていきます。

Q2：今回のリーディングで、現在、課題と感じられていることの解決につながりましたか？

一番気になっていた信仰について、リーディングの中に「神が司り、導かれます」という言葉で、私の中ですべて解決につながりました。
ありがとうございました。

あとがき

本書は「自分探しの旅」シリーズの第三巻に当たります。テーマは前世との関連で自分を認識し、活用するための人生を司《つかさど》る法則、並びに自分を知り感じるためのツール（手立て）です。本書の前半部はその内容の詳細な説明、後半部はそのために実際に五名の方々の個人リーディングを行った事例集となっています。

私自身、プロジェクトＡ１と命名し、自分の前世探求に三十年近く取り組んできました。その甲斐あって、十個の前世が判明しました。現世を含めれば十一の人生になります。

直前の前世はドイツの詩人で、二八歳一〇ヵ月で肺結核により他界しました。そのため、現世でも物心つく頃から強度のぜん息をはじめとする呼吸器疾患を患い、夜も身体を横にして眠れませんでした。それが突然、二八歳一〇ヵ月の時に訳もなく完治したのです。後に前世探求をする中で、この理由がわかり、深く納得しました。

その前はスペインで、四九歳五～六ヵ月で敗血症により他界しました。キリスト教の神父でした。この前世は、私が四九歳六ヵ月を過ぎた頃、霊夢をきっかけに判明しました。スペインの前世では獄中にあって、八ヵ月半の間、食うや食わずの状態に置かれました。私はスペインの前世が判明してから、別の目的で八ヵ月半の断食を自ら決行し、後で文献を見て同期間だったことを知りました。

その前は日本の鎌倉時代で僧侶でした。二九歳で使命を開始していますが、現在の私が使命を開始したのも二九歳の時でした。また、越後の国分寺に都から行ってそこの女性と結ばれ、自立していますが、現世の私も東京の国分寺に行って自立しました。そして、現世の妻（当時と同じ実体）は東京の国分寺の人ですが、両親は新潟出身です。さらに、前世で常陸《ひたち》に赴いて会を興していますが、現世でも都から日立に行って会を興しました。そして結局、当時も現世でも、「ひたち」から都に戻り、使命を静かに完成させようとしています。

その前の飛鳥時代には、仏教の普及に努め、日本の国作りに関わりました。飛鳥時代の前世の影響で私の母は大阪の天王寺市に生まれ、聖徳太子と同じ二月二十二日に他界しています。

以上、私の前世探求の成果のほんの一端を紹介させていただきました。

本当の前世はすぐにわかるものではありません。神のお導きの一環として、霊界との関連で、順序立って明かされてくるものです。ですから、時間をかけて少しずつ取り組むこと。すぐ断定を下さない、結論を急がないことです。前世を探る試行錯誤のプロセスにこそ価値がありま す。その過程は、自己認識、自己浄化、自己調整、自己回復をもたらしてくれるからです。

祈り、瞑想、超作の実践、試練を乗り超えた事などによって意識が拓《ひら》かれてくると、前世は自ずとわかってきます。そして、自分のことが本当にわかってくると、前世の真偽も識別できるようになります。真摯に探求していれば、もし思い違いなら、「そうではないのですよ」というお知らせが何らかの形でやって来ます。ただ、それが試みの場合もありますので、しばらく検討しながら様子を見、経過を追っていくことです。

前世は、必要なら知らされるものです。安心し、落ち着いて、祈り求め、神のお心に適った人生を送りましょう。前世を何らかの形やルートで知らされたら、その前世に関わるカルマが解けるようによく祈り、その前世をそれ以降の人生に活用しましょう。自分や関わる人たちを活かすためにこそ、知らされた前世を使うのです。

カルマを解消し、試練を乗り超え、成長し、他者の役に立ち、生まれてきた目的を達成する一環として、前世も知らされるのです。それゆえ、日々祈りつつ、現実に誠意をもって対処していくことです。

自分に正直になり、他への思いやり、尊重、配慮をもって、焦らず、気長に取り組みましょう。大抵は試行錯誤のプロセスを経ていく事ですので、何度も見直し、検討を重ねながら行いましょう。その全体を神が見守り、取り仕切り、導いてくださいます。

自分の中の一つの前世がわかれば、他の諸前世も見えてくるものです。前世は互いに関連し、対応し、一つの一貫した流れを成しているからです。そして、一つの前世が明らかになる度《たび》に、現在の自分がその分浮き彫りにされるでしょう。自分が生まれ変わりながら、徐々に発達し、神に育て導かれてきたことに思い至ります。本当の前世に行き着いたなら、それは夢や物証などで裏付ける必要がなくなります。現在の自分と多くの点で符合し、自分の意識にも明らかとなり、疑いをはさむ余地がないからです。

誰一人として、自分探しの旅に無関係な人も、前世を過ごしてきていない人も、この世にいません。このテーマに取り組むことで自分の心や生き方を見つめ、調整し改善していくこと、その中で真実が教えてくれるものを人生に取り入れることによって、現世をさらに充実させるために、この本がより多くの方々のお役に立つことを願って止みません。また、個人リーディングもしくは前世リーディングを体験されることも、併せてお勧め致します。

私どもの会ARI《アーイ》は、ヨハネ・リーディングを柱として、さまざまなイベントを催し、多数の教材（冊子・テープ他）を発行することにより、学びと奉仕の機会を提供しています。自分を磨き、他の同朋と共に成長しながら社会に貢献する、ONEの実現を目的とした活動を展開

していま す。当会に興味を持たれた方、お知りになりたい方、賛同され加入されたい方は、どうぞお気軽にお問い合わせください。

ＡＲＩでは、月刊の会報誌インターフェイスも発行しています。さまざまな独自の教えを満載し、充実していて読み応えたっぷりです。会員の方には、毎月お手元に届けられます。購読をお勧め致します。

最後に、本書を出版するにあたり、たま出版の中村利男氏、そして吉田冴絵子氏、リライトをしてくださった安田真理氏、また今回のために個人リーディングをお受けくださった方々にも多大な協力を頂きました。企画・コンダクターその他でお骨折りくださった浅野総合研究所の澤井典子さん、大変なテープ起こしをしてくださった増地ひとみさん、編集等をしてくださった長田希久子さん、すべてにおいてサポートを惜しまぬ妻の洋子にも、多大な協力を頂きました。

この場をお借り致しまして、心より感謝の意を申し上げます。

平成二二年二月吉日

浅野　信

主な著書リスト

- 『ブッダのカルマ論』（たま出版）
- 『ニューエイジの到来』（たま出版）
- 『ハルマゲドンを超えて』（ビジネス社）
- 『アカシックリーディング1998－2000』（たま出版）
- 『ライフ・リーディングでつかむ自分の生き方』（たま出版）
- 『アカシックメッセージ』（たま出版）
- 『親鸞の心』（たま出版）
- 『リーディングが開く21世紀の扉』（たま出版）
- 『前世』（たま出版）
- 『前世Ⅱ』（たま出版）
- 『前世Ⅲ』（たま出版）
- 『前世Ⅳ』（たま出版）
- 『前世Ⅴ』（たま出版）
- 『前世Ⅵ』（たま出版）
- 『自分探しの旅 ＜現世編＞』（たま出版）
- 『来世への道 自分探しの旅Ⅱ』（たま出版）
- 「ライフシールの読取法」ワークブック１
- 「７つのチャクラ」ワークブック２
- 「カルマの解消法」ワークブック３
- 「夢の活用法」ワークブック４
- 「７つのチャクラ」サイドリーダー１～４
- 「カルマの解消法」サイドリーダー１～５
- 「ライフシールの読取法」サイドリーダー１～２
- 「夢の活用法」サイドリーダー１～６
- 「自己探求の旅」
- 「般若心経」
- 「エッセンス オブ ＯＮＥ」①～②
- 「ニューアトランティス」１～３
- 「研究シリーズ」１～81
- 「ＳＥＣマンスリー」１～９
- 「浅野語録シリーズ（テープ）」現在215
- 「月刊インターフェイス」現在225号
- 「インターフェイス増刊号」現在14号

参考文献

●T．アンドリューズ『自分の前世！がわかる本』（成甲書房）
●R．ウェブスター『過去世への旅』（心交社）
●E．ケイシー家庭学習コース「過去生を思い出す」（コメット研究所）
●G．チャドウィック『前世発見法』（たま出版）
●J．フィッシャー『ついにあばかれた転生の真実』（学研）
●光田 秀『眠れる予言者エドガー・ケイシー』（総合法令）
●本山 博『輪廻転生の秘密』（宗教心理出版）
●本山 博『カルマの大奇跡』（徳間書店）
●P．ローランド『あなたの前世がわかる本』（ダイヤモンド社）

●リーディングを行った際の質問

・人は生まれ変わり誰にでも前世はあるのか。
・今の人生に前世は影響するのか。
・自分探しの旅、いわゆる自己探求する上で、前世探求は必要か。
・前世を知ることはできるのか。また、どのようにすれば前世を知ることができるのか。
・方法①自己分析、占い、心理テストについて。
・方法②夢について。
・方法③瞑想――タレント瞑想、フィーリング瞑想、人間関係瞑想、イマジネーション瞑想について。
・方法④前世退行、自己催眠、ファーメモリー法、アカシックレコードのセルフリーディングなどについて。
・方法⑤能力者からリーディングを受けることについて。
・方法⑥祈りと超作・使命について。
・方法⑦調査とジャーナルについて。
・方法⑧補助としての音楽、芳香、フラワーエッセンス、クリスタル、ボディワークについて。
・実際に前世探求を実施する上での、心構えや注意、留意することはあるのか。
・前世を認識した後、今の人生にどのように活かしていくのか、また注意、留意することはあるのか。
・『自分探しの旅〈前世編〉』の総括。

●ＡＲＩのビジョン&ミッション

浅野総合研究所（Asano Research Institute／略称ＡＲＩ《アーイ》）

ＡＲＩのビジョンはＯＮＥ—全てはひとつ。ＯＮＥとは、総合という意味です。それぞれの違い、たとえば思想・世界観・主義・見解・好き嫌い・個性などをお互いに自覚し、認識した上で、尊重して認めあい、受け入れあっていったら、私たちは、違いこそを与えあうことができるのではないでしょうか。それは、一人ひとりのかけがえのないユニークな存在を活かしあうことにつながります。大きな変革を迎えようとしている新しい時代を支えていく愛、そして叡智がＯＮＥの法則です。ＡＲＩは、ＯＮＥのビジョンという使命を生きながら、Interfaith—心と心を結ぶ架け橋となることをめざしています。

●リーディング

リーディングとは、ひとことで言えばリーダー（リーディングを行う人）が、アカシック・レコードと呼ばれる宇宙の存在すべてが記録されている世界を読み解くこと。

宇宙の歴史・叡智、普遍的真理までを含んだ「生きた波動」にアプローチして、アカシック・レコードを読み取り、質問者の質問や疑問に答えながら、その出来事や問題の隠れた意志・メッセージを解き、心構えや対策法を伝えていきます。

その結果、自分を深い部分で認識し、受け入れ、愛することにつながっていくため、すぐれたリーディングは、ある時は高度なカウンセリングであり、有効なコンサルティングでもあり、セラピーともなって、現実の人生にすぐに役立つツールとなります。

●パーソナル・リーディング

この宇宙の中で、一人ひとりがかけがえのない誰とも置き換えられない独自性を持った存在です。それぞれが、より主体的で創造的な人生を生み出し、本来の自分を生きるために。

パーソナル・リーディングは、わかりやすくシンプルな内容で、自分を具体的に把握するお手伝いをします。すでにわかっていると思っていることも、より深く掘り下げることでさらに明確になり、自分自身を別の視点からみることで、生き方の幅が広がっていきます。

なぜ今の時代に生まれてきたのか。その目的に触れ、使命を知って生きるプロセスで、カルマが解けて、成長が促される。それはあなたが十分に生かされ、幸せになり、自己実現を通して、社会に役立っていくことにつながります。１００人受ければ１００通りのリーディングとなり、同じ内容のものはまったくありません。今のあなたに最も必要なメッセージが語られます。個人に焦点を当てた個別のメッセージでありながらも、そこには普遍性、社会性が存在するので、他の方のリーディングを読むと役立つのも、パーソナル・リーディングの大きな特徴です。

パーソナル・リーディングは約45分間で４質問にお答えします。［料金：４７、２５０円（税込）］

●パーソナル・リーディング内容

性格、才能、適職、使命、将来性、自分の活かし方、生き方、留意すべき点、前世、カルマ、人間関係、恋愛、家庭、仕事、信仰、健康、体質、食事、ライフシール、チャクラの傾向性、色彩、宝石、星の影響、夢解釈 など。

●前世リーディング

あなたの魂のルーツを明かす前世リーディングです。あなたはいつの時代どこで何をしていたのか、なぜ今世に生まれ変わってきているのか。何万年に及ぶ前世が解き明かされる特別なものです。前世だけに焦点をあてますのでとても奥深く、魂の歴史とルーツが明らかになり自分の由来がわかります。前世を知ることによって、前世のカルマの癒しにもつながり、自信と確信がもて心がとても楽になります。

カルマとパターン、今世の課題や傾向性が見えてきますので、日常生活の中で課題をクリアーすることの手助けにつながります。意識の時間枠だけでなく、空間が大きく広がり、意識の底が深くなり、洞察力も高まり自己認識が前進することによって、将来のビジョンや展望が自ずと開けていくこととなります。

今世に何を成し遂げるために生まれ変わってきたのか、何を約束してきたのかが明確化され、才能や適職なども深くつながっていきます。魂の準備ができている方の場合、転生の回数や使命、性別、前世の名前など明かされることもあります。

前世リーディングは約40分間で1質問（固定質問）にお答えします。［料金：39,900円（税込）］

●前世リーディング内容

質問内容は固定の「私の前世をお知らせください」の1質問のみとなります。ただし、特殊な質問内容として、他の惑星での滞在、霊界でのこれまでの魂の経過について、オプションで尋ねることが可能です。

●リーディングの方法

リーディングは、依頼者が書かれた申込書、質問書、お写真などにより、遠隔からその方に関わる固有の真理を読み取ります。これは、遠隔リーディングで、当日依頼者が立ち会うこともできます。遠隔でも立ち会いでも内容に差異はありません。

リーディング中は、コンダクターが依頼者の質問を問いかけ、リーダーは横たわった状態で質問に答えていきます。質問が、明確で具体的な文章であるほど、より深く、明快なリーディングになります。

当日録音したテープ、またそのカセットテープを起こした文章を、約1ヶ月半後にお手元に郵送します。リーディングを受けられる方のプライバシーは厳重に保護されていますので、安心してお受けください。

著者略歴

浅野　信（あさの・まこと）
　聖職名　ヨハネ・ペヌエル

1954年、茨城県に生まれる。
83年から活動を始め、85年、国際ニューエイジ協会を創立、97年に浅野総合研究所に改称。92年よりリーディングを開始し、その数はすでに11,600件を超える。本格派リーダー（Reader）である。一宗一派に依ることなく、ONEの普遍的真実を個人に即してやさしく説き続けている。
リーディングの他に講演会、講話、講座、個人指導などにも応じている。
総合アドバイザー。預言者。思想家。霊的指導者。現在、浅野総合研究所（ARI《アーイ》）代表。

〔著書〕
『ハルマゲドンを超えて』（ビジネス社）、『アカシックリーディング1998-2000』『ライフ・リーディングでつかむ自分の生き方』『アカシックメッセージ』『親鸞の心』『リーディングが開く21世紀の扉』『前世』『前世Ⅱ』『前世Ⅲ』『前世Ⅳ』『前世Ⅴ』『前世Ⅵ』『自分探しの旅 ＜現世編＞』『来世への道 自分探しの旅Ⅱ』（たま出版）他多数。

〔連絡先〕
浅野総合研究所
〒185-0021　東京都国分寺市南町2-11-15　伸和ビル3F
TEL　042-328-5838　FAX 042-328-5840
E-mail：asanosou@aol.com
URL：http://www.asanosouken.com/

前世想起～自分探しの旅Ⅲ～

2010年4月21日　初版第1刷発行

著　者　浅野 信
発行者　韮澤 潤一郎
発行所　株式会社 たま出版
〒160-0004　東京都新宿区四谷4-28-20
電話　03-5369-3051（代表）
http://tamabook.com
振　替　00130-5-94804

印刷所　株式会社 エーヴィスシステムズ

ISBN978-4-8127-0300-7 C0011